互联网+
营销与创新

江清萍 / 著

台海出版社

图书在版编目(CIP)数据

互联网+：营销与创新 / 江清萍著.—北京:台海出版社,2015.11

ISBN 978-7-5168-0760-6

Ⅰ.①互… Ⅱ.①江… Ⅲ.①网络营销–研究 Ⅳ.①F713.36

中国版本图书馆 CIP 数据核字 (2015) 第 253396 号

互联网+：营销与创新

著　　者:江清萍

责任编辑:戴　晨

装帧设计:天下书装　　　　版式设计:通联图文

责任校对:唐思磊　　　　　责任印制:蔡　旭

出版发行:台海出版社

地　址:北京市朝阳区劲松南路 1 号，邮政编码:100021

电　话:010-64041652(发行,邮购)

传　真:010-84045799(总编室)

网　址:www.taimeng.org.cn/thcbs/default.htm

E-mail:thcbs@126.com

经　销:全国各地新华书店

印　刷:北京柯蓝博泰印务有限公司

本书如有破损、缺页、装订错误,请与本社联系调换

开　本:710mm×1000 mm　　　　1/16

字　数:170 千字　　　　　印　张:15

版　次:2016 年 4 月第 1 版　　印　次:2016 年 4 月第 1 次印刷

书　号:ISBN 978-7-5168-0760-6

定　价:35.00 元

前 言/
Preface

1

从农耕时代到工业时代再到信息时代，技术力量不断推动人类创造更新的世界。在当今社会，互联网技术正以一种改变一切的力量，在全球范围掀起一场影响人类各个层面的深刻变革。之前区域的限制、信息传输的阻碍等限制人类交流与互通的问题，在互联网时代到来之后，都将不攻自破。同时，互联网营销作为一种借助互联网而兴起的营销方式，也将打破各种限制，让全球营销互通成为一种现实。

美国移动未来研究院 CEO 查克·马丁认为："世界的移动化趋势并不仅仅局限于技术和移动设备的变革，它更多地体现在人们行为方式的改变上。"

移动互联网时代在为人们带来更加便捷、丰富和流畅的信息体验的同时，也加快了人们的工作、生活节奏，并在无形中改变了人们早已习惯了几个世纪的信息获取方式和决策方式。毫不夸张地说，移动互联网正在改变一切，而且，这种改变不可逆转。

2

其实，聪明的企业早就应该注意到这种变化，并及时做出应对。正如查克·马丁告诫人们的那样："要么去主动参与塑造未来，要么被强加一个未来。"当互联网带来在线购物时，消费者的互动性已经得到了巨大的提升。如今，电视、报纸、杂志早已不再是消费者的主要信息接收渠道，移动终端作为最大、最便捷的营销信息发布平台，如今更是连最后一个消费步骤"支付"都一并拿下。可想而知，随着零售收入不断向移动终端集中，企业的营销投入也将大幅向移动端倾斜。但作为一个全新的营销领域，仅仅增加投入是远远不够的。每个刚刚开始移动互联网营销方面探索的企业都会一步步发现自己竟然在许多方面都处在全然无知的状态。全新的营销平台加上全新的消费模式等于全新的营销策略。

在传统营销市场中，要想让消费者开口告诉你他的需求是很难的，这里面除了沟通渠道的问题，还有消费者对自身需求的模糊问题。移动互联网既提供了丰富的沟通渠道，也进一步提高了消费者对自己需求的挖掘欲望。因此，通过微博、微信、APP等包含各种用户信息的工具，企业的营销选择将更有针对性。

而要想为移动互联网用户提供最好的体验，光有心思还不够，还需要详细地了解用户的体验需求。我们正要进入快速拥抱每个用户的时代，每个人都有自己的个性需求，人人都希望享受最好的上网体验，希望成为VIP。所以，亚马逊和淘宝已经开始为每个用户设置不同的个性化首页及推荐页面，而随着移动互联网的不断发展，这种个性化服务将越来越多。

移动互联网时代，消费者的喜好是善变的，他对你的好感度也是有起伏的，因此，塑造一个稳固且值得信赖的品牌形象十分重要。要想达到这一点，企业就要学会不断用包含优质内容的品牌塑造帖来一点点构建品牌形象。

如果你的企业足够有野心，那仅仅通过别人的平台来推送内容是不够的，你还要试图建立自己的移动内容终端，完善整个移动互联网的营销布局，这样才能真正立于不败之地。

本书从互联网商业思维出发，深入、完整地探讨了互联网营销的战略、市场、各种营销策略和营销模式的优劣比较等，是一本全面、完整、接地气的"互联网+"指导类书籍。

早一步开始自己的移动互联网个性服务布局，就能早一天收获丰硕的果实。正如中国著名企业文化与战略专家陈春花教授所言："顾客的变化是一个根本的事实，大多数企业已经认识到了这一点，但光有这个认识还不够，我们还需要清楚围绕顾客变化所做的努力如何展开，这就要求企业能够围绕着顾客思考，来选择自己的企业战略。"

无论是企业经理还是个人，如果你还没有对"互联网+营销"引起重视，那你很可能会被互联网的世界淘汰。

目 录/
Contents

第一章

互联网+营销：
不可逆转的改变

1.什么是互联网营销

互联网营销，也称网络营销，指的是一种利用互联网的营销型态。20 世纪 90 年代，随着信息传播方式的变革和计算机技术的日趋成熟，一种新的营销模式随之诞生了，那就是互联网营销。

互联网营销是以互联网为媒体，以新的方式、方法和理念，通过一系列营销策划、制订和实施的营销活动。营销中的诸多要素，如品牌、渠道、市场开拓、产品创新、定价促销、宣传推广等要素在互联网营销中都有所体现，只不过，互联网营销为传统的营销要素带来了新的形式与内容。

新型互联网营销基于互联网平台，利用信息技术与软件工具进行公司与客户之间交换概念、产品、服务等活动，同时可以通过在线活动创造、宣传、传递客户价值，并且对客户关系进行管理，以达到一定的营销目的。在互联网营销中，走在最前端的要数电商。

互联网营销的优势

第一，互联网营销传播迅速，范围广，无地域与时间限制。由于传送媒介是多媒体设备，所以信息内容全面、生动形象、互动性强、反馈及时等，大大提高了企业信息的传播效率，降低了企业信息的宣传成本，增强了企业的形象和实力。

第二，互联网营销无需店面租金，大大降低了成本，使企业的营销方式更可靠，更具执行力，同时还使企业实现了产品直销，节约了运费，降低了综合指标成本，减少了库存等，从无形中帮助企业减小了生存压力。

第三，互联网营销的覆盖市场是全球性的。通过互联网营销，全球企业可以相互学习、沟通，方便了企业迅速快捷地进入国际市场。尤其当世贸组织规定不对互联网贸易征收关税后，互联网营销便成为了企业走向国际的绿色通道。

互联网营销的特点

（1）经济性

由最初的物物交换到易货交易，到以互联网为载体的信息交换，从这一过程的对比中不难发现，互联网营销不但可以减少印刷宣传册的成本、运费成本，还免去了店面租金、雇佣店员、店面水电费、工商管理费等成本。

（2）高效性

透过互联网的数据库，消费者可以随时对产品信息进行查询，其数据精确程度是其他媒介所无法比拟的。此外，企业还可以根据市场调研结果时时更改产品信息、调整产品价格，使产品的整个销售流程都高效运转并发挥作用。

（3）多元性

互联网传播可以将文字、声音、图像结合同时进行有效的传播，使产品信息能够以多种方式存在和进行交易。互联网营销的这种多元性能够更好地激发营销人员的灵感及能动性。

（4）交互式

互联网通过展示商品图像，商品信息资料库提供有关的查询，来实现供需互动和双向沟通，还可以进行产品测试与消费者满意调查等活动。互联网为产品联合设计、商品信息发布以及各项技术服务提供了最佳工具。

（5）时域性

占有市场份额是营销的最终目的，由于互联网能够超越时间和空间的约束进行产品信息交换，使营销更贴近生活和实际，企业也因此获得了剩余时间和空间进行营销，对自身营销进行时时监控。

（6）超前性

毫无疑问，互联网是最强大的营销工具，它兼具促销、电子交易、渠道、互动服务以及市场信息分析与提供的强大功能。实际上，互联网营销这一模式正是未来主要营销手段的发展趋势。

（7）成长性

互联网数据无时无刻不在进行着更新、替换，这使得产品的换代也更加频繁。正因如此，企业才能及时发现自身产品的不足之处加以改进，使产品随着互联网的发展而不断成长。

互联网营销的基本原则

（1）Interesting——趣味原则

互联网营销软文的撰写就要遵循这一原则。互联网营销不是一味地推销产品，让人觉得你和店里急于把产品卖出去的店员没什么两样，而是要用一些带有趣味性的话题去引起消费者的注意。只有当消费者在看到第一段后觉得它是有趣的内容，他才会继续停留在你的页面。

(2) Interaction——互动原则

再好的产品，消费者一笑而过便敬而远之了，那你的互联网营销就是失败的。所以，企业务必要遵循互动原则，时时和消费者保持互动，引导其在线下单，预订你的产品，这才是你最终的目的。

(3) Interests——利益原则

企业做互联网营销的目的肯定是为了盈利，的确，企业应该重视自己的利益，但别忘了，顾客毕竟是上帝，你不可能采取高压政策对其一味地压榨。所以，企业应该在兼顾自身利益的同时更加注重消费者的利益，拿出实际的彰显消费者利益的东西，对方自会为你买单。

(4) Individuality——个性原则

顾名思义，就是要把互联网营销做得有个性，把产品做得有个性，和别人做得不一样，让消费者感觉到你的特别之处，甚至使其对你的产品页面流连忘返，这不但能使消费者更容易下单，还能帮助企业有效地树立起企业形象。

2.互联网营销关键词

谈及互联网营销，虽然很多人都能道出其中的一二，但不得不承认，在互联网营销这个课题面前，我们的未知远远大于已知。所以，为了从更全面的角度了解互联网营销，我们必须更客观、深入、准确地理解什么是互联网，什么是互联网时代，什么是互联网社会，什么是互联网营销，未来互联网营销又将给人类带来怎样深远的影响。而在此之前，我们有必要先弄清楚互联网营销的几个不容忽视的关键词。

网站建设

作为唯一一种全天 24 小时不间断的媒体平台，互联网的作用是传统媒体不可企及的。企业可以通过在互联网上建立自己的网站，向世界展示自己的产品和企业形象，让更多人了解自己，提升公众知名度。

所谓网站，最初就是指在互联网上根据一定的规则，展示特定内容的网页的集合。最初，这种网页只能是文本格式，现在则可以集合图像、声音、动画、视频，甚至 3D 技术等方式来展示特定的内容。

网站建设通常包括域名注册查询、网站策划、网页设计、网站功能、网站优化技术、网站内容整理、网站推广、网站评估、网站运营、网站整体优化、网站改版等工作。它可以说是一项非常专业的技术，但对大众而言，它的实用价值在于它在互联网上的展示作用。

利用互联网开展电子商务，一直是企业联网的理想目标，目前，基本上所有的大小公司都可以实现电子商务，而且，他们也已经尝到了电子商务带来的巨大好处：内部信息数据的瞬间沟通、人员联系的日趋紧密、业务开展效率的加快、国际化成分的日益增加、大量门面与分支机构的消减所带来的资金节约等。

就在各种企业利用电子商务赢得利益的同时，对于卖方来说，网站建设就成了不能忽视的一个项目。对于企业而言，网站就是企业的网上门店，企业可以在自己的网站上通过文本、图片、视频等方式展示企业产品或是公司信息，还可以通过网站与浏览者进行即时交流、沟通。

总的来说，网站对企业的好处可以总结为以下几点：

第一，网站内容可以随时更新，企业可以随时更新在网上的产品展示，在现实生活中，这是很难做到的。之前，企业展示产品的传统方式就是做画册、产品手册等，一旦产品有变动，就需要重新印画册，这样不仅需要很长时间，而且花费较大。而在网站上，这些都不是问题。

第二，网站信息量可以做到极大，只要企业的域名服务器允许，企业可以尽可能多地丰富自己的网站，展示企业信息和产品信息。但是离开网络，传统的企业推广方式很难如此全面地展现公司信息。比如，企业做产品手册或宣传画册，一本画册充其量做十几页，容量有限，不能全面展示企业产品信息。

第三，网站是企业网上的一个门户，是企业形象的代言。如果一个大企业连网站都没有或者做得很差，客户就会觉得这不是一个现代企业，不是一个能跟得上形势的企业。如果网站做得好，就能给客户一种高端的感觉，同时增强客户对企业的信任度。

第四，网站可以帮助企业提高效率、规范管理、降低管理成本。通过上述三点分析，我们可以很清楚地看到，网站对于企业而言不是加重了负担，而是大大削减了企业成本，提高了企业的运作效率。

第五，网站可以帮助企业与潜在客户进行相互搜索。人们最常使用互联网的一大功能就是搜索引擎。企业如果有自己的网站，客户在不知道该企业的情况下可以通过搜索引擎找到该企业的网站，从而获得企业信息，与企业取得联系。企业也可以通过网络推广，或是网站链接等手段，把企业的信息传到世界各地，让客户更好地找到自己的信息。

综上所述，一个好的企业网站对企业的网络营销所起的作用是不可低估的。但是，随着现在网站数量和内容的极度丰富，一个企业即使有一个好的网站，如果缺乏后期的网络推广，不能让客户看到自己的网站，那也是不行的。这就牵涉到后面我们会讲到的网络推广，一个企业有一个好的网站是企业进行网络推广的基础。

IM

IM 是 Instant Messaging 的缩写，中文意思是即时通讯、实时传讯。

通过即时通讯软件，使用者可以在网络上建立某种私人聊天室与网络好友进行实时通讯。曾经在计算机互联网上受欢迎的即时通讯软件包括 QQ、百度 HI、新浪 UC、MSN；在移动互联网上的有 Facebook、微信、米聊等。

IM 营销又叫即时通讯营销，是企业通过即时通讯工具推广产品和品牌的一种手段，其对企业互联网营销的作用一般体现在以下两点：

(1) 网上在线交流

中小企业建立网店或者企业网站时，一般需要有即时通讯工具在线，这样当有潜在客户来逛网店或是网页时，企业客服人员就可以主动和客户打招呼，同时，客户如果有什么疑问或需求，也可以即时向客服提问，这样有利于加强客户与企业的即时沟通。

(2) 广告

中小企业可以通过 IM 营销通讯工具向各种聊天群发送信息，当然，最主要的还是广告信息，比如产品信息、促销信息。或者发送一些新闻资讯、趣闻、趣事等扩大企业知名度。

对于网络营销而言，IM 即时通讯工具可以说是一个非常好用的广告发送工具，但企业要运用 IM 工具进行网络营销还需要注意一些细节：

第一，名字很重要。

企业用户起名一定要起相对庄重的，可以用企业名字或者品牌名字来做即时通讯工具的名字，这样，在与客户互动时，可以顺便推广企业或者产品，使企业或产品在客户脑海中留下印象。

即时工具的头像也要有特色，可以用企业标识或产品商标做头像，但不要用非主流或不正规的头像。

即时工具的资料越丰富越好，但一定要是真实信息，如果有自动回复的即时通讯工具可以设置自动回复，回复的内容也要注意，语言要随和，有亲和力。

第二，发送信息要谨慎。

和企业用户不同，使用个人 IM 即时通讯工具的人，大多是为了消遣、娱乐，捎带着开拓视野或增长知识。如果企业用户在聊天室、QQ群或是微信朋友圈等即时聊天平台上无节制地发送广告或促销信息，很容易引起个人用户的反感。所以，做 IM 营销一定要注意方式，不能让看到广告的人产生反感。就广告内容而言，可以做成一句生动的话、有趣的打油诗等。

IM 营销的关键还在于长时间沉淀和累积客户，最主要的还是要从客户需求去考虑，不要只想着怎么赚客户的钱，要看他们需要什么，企业能给他们什么。因为是即时聊天，所以在沟通方面一定要有技巧，不要让客户产生反感。企业只有首先吸引了客户的兴趣，维护好与客户的关系，才能够更好地实现企业营销。

超级链接

超级链接和网站建设密不可分。超级链接在本质上属于网页的一部分，它是一种将某一网页或站点连接到其他网页或站点的手段，一般多个网页链接在一起就会成为一个真正的网站。简单地说，超级链接就是从一个网页指向一个目标的连接关系，这个目标可以是另一个网页，也可以是相同网页上的不同位置，还可以是一张图片、一个电子邮件地址、一个文件，甚至是一个应用程序。而在一个网页中用来作超链接的对象，可以是一段文本或是一张图片。当浏览者点击链接的文字或图片后，链接目标就将弹出，显示在浏览器上供浏览者阅读。

一个企业想要在网站建设好之后，让更多的网民看到自己的网站，提高网站的点击率和知名度，就可以利用网站之间的资源合作。而网站与网站之间的资源合作最常用、最简单的办法就是超级链接。所以说，超级链接也是网络营销的一种手段。

通常,网站间简单的合作形式,就是分别在自己的网站上放置对方网站的 LOGO 或网站名称,并设置对方网站的超级链接,使得浏览者可以从自己的网站发现对方的网站,或者从对方的网站发现自己的网站。

从超级链接存在的形式上,我们不难发现,超级链接有着一定的推广作用。它可以获得较多的访问量,加深用户浏览时的印象,增加网站在搜索引擎排名中的优势,通过合作网站的推荐增加访问者的可信度等。

不过,关于交换链接的效果,也有人持不同看法。有人认为,网站可以从链接中获得的访问量非常少;也有人认为,交换链接不仅可以获得潜在的品牌价值,还可以获得很多直接的访问量。事实上,要想发挥出超级链接的价值,企业在做网上超级链接时,还需要注意以下几点:

第一,注意不同网站图片的风格不同。

超级链接有图片和文字链接两种主要方式,如果采用图片链接,要特别注意图片风格的一致性。由于各网站的图片千差万别,即使规格可以统一,图片的格式、色彩等风格也很难协调,这就会影响网站的整体视觉效果。例如,有些图标是动画格式,有些是静态图片,有些画面跳动速度很快,有的速度慢。如此多的图片放置在一起,会给人眼花缭乱的感觉,很容易引起浏览者的反感,同时也不利于超级链接发挥作用。

第二,网站首页不宜放置太多图片。

网站的展开速度通常会受图片多少的影响。如果网站首页放置的图片过多,就会影响下载速度,尤其是这些图片来自不同的网站服务器时,其速度就会更慢。而网民一般在一个网页上停留的时间非常之短,如果一个网页在几十秒之内依然无法打开,那么浏览者通常会立马关掉该网站，去浏览其他网站。这样一来，不仅网站的点击率会降低，超级链接的作用也将无法发挥。通常，网站首页放 5 张左右的图片不会对首页的打开速度有明显的影响。

第三，不要链接无关的网站。

一些企业认为，网站上内容丰富，超级链接较多，更能抓住浏览者的眼球。事实上，网站上的链接并不是越多越好，特别是一些不相干的链接，不仅会分散浏览者的注意力，还会影响网站的专业性，降低浏览者对网站的信任度。

第四，剔除无效的链接。

说起无效链接，可能很多企业的网站都存在这样的问题，即使网站内部链接没有问题，也很难保证链接到外部的网站同样没有问题。由于网站上的页面、图片、文字等随时可以更改，所以很多超级链接很容易会变成无效链接。如果不剔除这些链接，一旦浏览者发现，就会对网站产生不好的印象。所以，企业做互联网推广和营销时，每隔一段时间就要对网站链接进行系统性的检查。

综上所述，超级链接是一种可以发挥很大价值的网络推广和网络营销的手段，至于这种营销模式具体能发挥怎样的作用，关键还是要看营销者能否规避它可能存在的弊端，发挥其对推广营销的积极作用。

搜索引擎

所谓搜索引擎，就是指根据一定的策略、运用特定的计算机程序从互联网上搜集信息，在对信息进行组织和处理后，为用户提供检索服务，将用户检索到的相关信息展示给用户的系统。目前为人们所熟识的搜索引擎工具有百度、雅虎、搜狗、谷歌等。

当今社会，互联网在经济生活中扮演着越来越重要的角色，电子商务概念日渐深入人心，很多企业也逐渐意识到网络对于自身发展的重要性，越来越多的企业尝试在互联网上建立自己的网站，希望借助网络的力量助企业发展一臂之力。

然而,网站做好了,并不等于可以甩手去做电子商务。网站只是一个平台,如果没有推广,网站的知名度就打不出去,希望网民通过自己搜索找到企业的网站实在有些困难。据统计,目前世界上网站总数已经超过了4000万,一个企业如何让客户在这浩如烟海的信息世界里找到自己?网站如何才能被更多的人访问,尤其是被自己的潜在客户浏览呢?要实现这一目标,企业除了做超级链接,还要做搜索引擎优化。

研究表明,搜索引擎是目前最重要、效果最明显的网站推广方式,也是最为成熟的一种网络营销方法。CNNIC(中国互联网络信息中心)最新调查报告显示:搜索引擎是用户获悉新网站的最主要途径,网站访问量82.2%以上来源于搜索引擎,而且目前会上网的网民基本上都会使用搜索引擎,如果一个企业未被收录在搜索引擎中,用户将很难找到该企业。

著名搜索引擎业界评论家丹尼·苏利文曾做过一个形象的比喻:"如果你没把登录搜索引擎纳入你的总体网络营销计划,那就好像在传统市场推广中不考虑电视、报刊等主流媒体一样。"由此可见,搜索引擎在提高企业网站的访问流量中起着举足轻重的作用。

SEO

搜索引擎优化(Search Engine Optimization)简称SEO。搜索引擎优化是针对搜索引擎对网页的检索特点,让网站建设各项基本要素适合搜索引擎的检索原则,从而能够被搜索引擎收录,并在搜索引擎自然检索结果中排名靠前,最终达到网站推广的目的。

搜索引擎优化本身是一种计算机技术,而对于企业的网络营销而言,搜索引擎优化能够帮助企业在用户搜索中排名靠前,这才是其实用价值所在。

当然，对于任何一家企业来说，要想在引擎网站上排名靠前都不是一件容易的事。因为，随着搜索引擎不断变换排名算法规则，每次算法上的改变都会让一些排名很好的网站在一夜之间名落孙山，而失去排名的直接后果就是失去网站固有的可观访问量。所以，一些企业为了在搜索排名中靠前，不得不在一些搜索引擎页面上做推广，比如百度推广、搜狗推广等。当然，这些都是需要付费的。

目前，搜索引擎优化的方法主要有黑帽、白帽两大类。黑帽法就是完全用作弊手段进行关键字排名，比如隐藏文笔、链接工厂、桥页、跳页等；白帽法就是正统的搜索引擎优化途径，也就是搜索引擎厂商自身认可的一些手段。

电子商务

如今，电子商务已经成了人们耳熟能详的词。说白了，电子商务就是以互联网为平台展开商业交易的一种方式，其存在的价值就是让消费者通过网络在网上购物、网上支付，节省客户与企业的沟通时间，提高交易效率。在消费者信息多元化的21世纪，有了电子商务模式，消费者就可以足不出户地通过网络渠道，了解各地的商品信息，然后享受网上购物乐趣。

这里有必要阐述一下电子商务和网络营销的区别与联系。首先，电子商务的核心是电子化交易，强调交易方式和交易全过程的各个环节；而网络营销注重以互联网为主要手段的营销活动，主要研究的是交易前的各种宣传推广。其次，电子商务的重点是实现电子化交易；而网络营销的重点则在于交易前的宣传和推广。

由此看来，企业开展网络营销活动在前，进行电子商务在后。电子商务可以看作是网络营销的高级阶段和实现方式，二者密切相关，并不矛盾。

移动电子商务

移动电子商务是近几年出现的网络新名词,所谓移动电子商务,其实就是电子商务的一种,只不过这种电子商务是利用手机、Pad 及掌上电脑等无线终端进行的 B2B、B2C 或 C2C 的电子商务。

移动电子商务是在无线传输技术高度发达的情况下产生的,比如经常提到的 3G 技术。此外,WiFi 和 WaPi 技术也是无线电子商务产生和存在的条件之一。

移动电子商务的优越性在于,它将互联网、移动通信技术、短距离通信技术及其他信息处理技术完美结合,使人们可以在任何时间、任何地点进行各种商贸活动,实现随时随地、线上线下的购物与交易,或在线电子支付以及各种交易活动、商务活动等。

移动电子商务的优越性和移动终端用户的增多,促使越来越多的企业和个人认识到了移动电子商务更大的营销价值,移动电商也随之如雨后春笋般涌现。

3.互联网营销与传统营销的区别

随着计算机互联网技术的迅速发展,互联网经济已经成为一种新型的经济形式,而与之相关的互联网营销也迅速成为新的市场营销途径。互联网营销具有营销空间的无缝隙化、顾客的主导性、市场配置的协作性等特点,它与传统营销相比有很大的不同,这两种营销模式的差异主要表现在以下几方面:

（1）营销理念不同

传统的营销管理强调 4P：产品（product）、价格（price）、渠道（place）、促销（promotiom）。现代营销管理则追求 4C：顾客（customer）、成本（cost）、便利（convenient）、沟通（communication）。然而，无论哪一种观念，都必须基于这样一个前提：企业必须实行全程营销，即必须由产品的设计阶段开始就充分考虑消费者的需求和意愿。

而在传统的营销模式下，这一点往往难以做到。原因在于，消费者与企业之间缺乏合适的沟通渠道或沟通成本太高。消费者一般只能针对现有产品提出建议或批评，对尚处于概念阶段的产品难以涉足。此外，大多数中小企业也缺乏足够的资本用于了解消费者的各种潜在需求，他们只能凭自身能力或参照市场领导者的策略进行产品开发。

而在互联网营销环境下，这一状况能够轻松地得到改观。即使是中小企业也可以通过电子布告栏、线上讨论或电子邮件等方式，用较低的成本在营销的全过程中对消费者进行即时的信息搜索，消费者也有更多的机会对产品从设计到定价和服务等一系列环节发表意见和建议。这种双向互动的沟通方式不仅能提高消费者的参与性与积极性，更重要的是，它能使企业的决策有的放矢，从根本上提高消费者的满意度，创造出更加符合消费需求的产品。

（2）营销目标不同

传统营销策略的工作重心更多的是围绕 4P 展开，其注重和强调的是企业利润的最大化，而不是客户是否得到了最好的满足，不是他们的产品是否符合客户的需求；而互联网营销更加关注 4C，其各环节的工作也都是围绕着 4C 展开的，强调以顾客为中心，通过满足顾客需求，为顾客提供优质、便利服务而实现企业价值，通过满足顾客的个性化需求，最终实现企业利润。

(3) 营销方式不同

传统的营销方式以销售者的主动推销为主，而客户处于被动接受的状态，这样很容易使顾客与企业之间的关系变得僵化，甚至给顾客带来很多不便和烦恼。从长远来看，这种营销模式并不利于企业的长期发展。

互联网营销方式更加强调以顾客为中心，更注重维持与顾客的关系，通过分析顾客的喜好、需求，为顾客提供优质产品和服务；而客户在需求的驱动下，也会主动通过互联网寻求相关产品或服务的信息，从而使企业与顾客的关系变为真正的合作关系，有利于企业的长期发展。

互联网营销与传统营销相比，其最大的区别在于是否以顾客为主导。在互联网时代，顾客拥有比过去更多的选择自由，他们可根据自己的个性特点和需求在全球范围内寻找满足品，不受地域限制。通过进入感兴趣的企业网址或虚拟商店，顾客可获取产品更多的相关信息，使购物更显个性。

(4) 营销媒介不同

传统的营销活动主要是依靠营销人员与顾客的直接接触与放送广告的形式对顾客进行轰炸，使顾客被动接受；而依托互联网而产生的互联网营销，作为一个新的理念和营销方式，与传统市场营销相比，具有跨时空、多媒体、交互式、整合式、高效性、经济性和技术性等特点。这种营销方式主要是以互联网为基本平台，通过计算机、手机、电视机等互联网终端为顾客提供服务从而实现营销目的。

(5) 带给消费者的感受不同

在传统的营销中，从商品买卖过程来看，消费者一般需要经过看样、选择商品、确定所需购买的商品、付款结算、包装商品和取货（或送货）等一系列过程。这个买卖过程大多数是在售货地点完成的，短则几分钟，长则数个小时，再加上为购买商品去购物场所的路途时间、购买后的返途时间及在购买地的逗留时间，无疑大大延长了商品的买卖过程，使消费者为购买商品付出了很多时间和精力。然而，随着生活节奏日益变快，人们消费产品的数量日益增多，交通拥堵越演越烈，传统的购物很显然给人们的生活带来了众多不便。有时，为买到想要的商品，一个消费者要花上半天，甚至一天的时间。此外，由于受地点的限制，很多消费者在当地无法购买到最前沿的商品，这就限制了消费者的消费，而互联网营销则不会出现这些问题。

互联网营销为人们描绘了一个诱人的场景，它使购物过程不再是一种沉重的负担，甚至有时还是一种休闲、一种娱乐。让我们看一看互联网营销是怎样简化购买过程的。

售前：由于互联网空间的开放性与广阔性，商家可以向消费者提供丰富的产品信息及相关资料（如质量认证、专家品评等），甚至是客户对产品的评价等。消费者可以在比较各种同类产品的性能价格以后，做出购买决定。

售中：由于互联网营销完全可以在网上操作，所以消费者无须驱车到也许很远的商场去购物，交款时也不需排着长队耐心等待，最后也无须为联系送货而与商场工作人员交涉。

售后：在使用过程中如发现问题，消费者可以随时与厂家联系，得到来自卖方的及时的技术支持和服务。

总之，互联网营销能简化购物环节，节省消费者的时间和精力，将购买过程中的麻烦减少到最小。消费者可以在全球范围内寻找最优惠的价格，甚至可绕过中间商直接向生产者订货，因而能以更低的价格实现购买。此外，互联网营销也能为企业节省巨额的促销和流通费用，使降低产品成本和价格成为可能。

互联网时代，消费者迫切需要用新的快速方便的购物方式和服务，以最大限度地满足自身需求。消费者价值观的这种变革，呼唤着互联网营销的产生，而互联网营销也在一定程度上满足了消费者的这种需求。通过网上购物，消费者完全可以"闭门家中坐，货从网上来"。

还有一点需要提醒大家，虽然传统营销与互联网营销相比具有很多弊端，但是，互联网营销与传统营销并不能相互替代。因为互联网营销的全部过程都是完全虚拟的、不可视的，所以消费者与企业间的信任很难建立，而在这一点上，传统营销则占据更多的优势。所以，作为处于同一经济环境下的不同营销方式，二者不能互相取代，而是将长期共存，优势互补，并最终走向融合。

4.互联网营销与网络推广的关系

许多人认为网络推广与互联网营销是一回事，其实不然，二者完全是两个不同的概念。大家可将两者想成是包含与被包含的关系，即网络推广包含在互联网营销中。

第一，从定义上讲，网络推广就是以产品为核心内容，建立网站，再通过各种免费或收费渠道将这个网站展示给网民的一种推广方式。常见的免费网站推广就是发帖子、交互链接、B2B平台建站、博客、微博、微信等新媒体渠道，付费推广有搜索引擎推广等方式。网络推广属于一种广告方式，而互联网营销则是一种营销方式。

第二，从目的上讲，网络推广重在"推广"二字，主要的目的是利用各种网络推广方法，使产品尽可能被更多的人知道；而互联网营销则重在"营销"二字，它更注重的是通过推广，能够产生什么样的经济效益。

第三，从投入上讲，网络推广往往投入比较少，甚至一个人也可以操作，比如论坛推广、微信推广，推广人员只需要将推广信息发布到指定论坛或朋友圈即可；互联网营销则投入比较大，需要团队协作来完成。

第四，从考核上讲，网络推广主要考核的是具体的工作量，比如微信推广，只需要保证相应的推广信息达到多少阅读量或是转发量；而互联网营销通常考核的是转换率或收益，比如微信营销，点击率、阅读量、粉丝人数达到多少不重要，关键是这些数据能带来多少销售。

第五，从执行上讲，网络推广成功的关键是执行力；而互联网营销主要靠的是创意和策略。网络推广是保证互联网营销效果和成功的关键，是互联网营销的重要组成部分。当互联网营销落实到执行层面时，就需要网络推广来为之服务。互联网营销脱离了网络推广，很难独立存在；而当要执行的任务仅限于推广需求时，网络推广却完全可以独立进行。

5.互联网营销的常用策略

和传统的营销模式不同，互联网营销有其自身的特点，因此，要想做好互联网营销，我们就必须依据其特点，采用不同的营销策略。那么，在当今社会，有哪些互联网营销模式是人们常用的呢？我们不妨一起来探讨一下。

搜索引擎营销

搜索引擎销售即 Search Engine Marketing，简称 SEM。搜索引擎销售的基本思路就是通过让用户发现信息，并通过（搜索引擎）搜索点击进入网站、网页进一步了解其所需要的信息，进而实现企业营销的目的。搜索引擎营销的主要推广方式便是搜索引擎推广。

目前，搜索引擎推广的形式包括搜索引擎优化、关键词广告、竞价排名、固定排名、基于内容定位的广告等多种形式。而随着搜索引擎形式的进一步发展变化，也出现了其他一些形式的搜索引擎。

从目前的发展趋势来看，搜索引擎在互联网营销中的地位依然重要，并且受到越来越多企业的认可，搜索引擎营销的方式也在不断发展演变，因此，企业应根据环境的变化选择合适的搜索引擎营销方式。

电子邮件营销

电子邮件营销即 Email Direct Marketing，缩写为 EDM。该营销方式是指在用户事先许可的前提下，通过电子邮件的方式向目标用户传递价值信息的一种网络营销手段。

这种营销模式的三个基本因素为：用户许可、电子邮件传递信息和信息对用户有价值。三个因素缺少一个，都不能称之为有效的 Email 营销。电子邮件营销是利用电子邮件与受众客户进行商业交流的一种直销方式，同时也广泛地应用于网络营销领域。

电子邮件营销是网络营销手法中最古老的一种，甚至可以说比绝大部分网站推广和网络营销手法都要老。目前，随着电子邮件数量的激增，很多网民会将邮箱设置为自动拒接，标为垃圾邮件的邮件，因此，电子邮件营销模式的优势正在逐渐消失。

当然，如果企业用户能在电子邮件营销模式上做些精心设计，电子邮件营销依然可以发挥其相应的作用。比如：设计吸引人，邮件标题简单明了，内容清晰，便于阅读，等等。

不过，若是广告邮件群发能做好，也能达到非常好的效果，而且成本不高，目前，在我国，花很少的钱就可以买到带上亿个邮件地址的群发软件。另外，企业还可以在自己的网站上加入邮件列表功能，可以让网友订阅自己的电子杂志，然后在电子杂志中融入病毒式营销的相关策略。如此，同样可以取得很好的效果。当然，广告邮件不可盲目乱发，否则可能会取得相反的效果。

资源合作推广

所谓资源合作推广，就是指企业之间通过交换各自的优势资源，以达到相互宣传推广效果的活动，比如典型的广告互换、流量互换等。而用这种推广获得利润的营销模式就叫资源合作营销。

这种营销方式最大的特点和优势是能够在投入资金的情况下，利用自己手中已有的资源实现推广营销、扩大收益的目的，可以让手中的资源发挥最大的效用，且适合于任何规模的公司、单位，甚至个人。

由于资源合作营销有着化腐朽为神奇的效果，所以很多公司对它越来越重视，资源合作营销甚至演变成了一个专门的部门和职位，名字叫 BD，即 Business Development，翻译成中文为商务拓展。在一些公司，BD 部门的重要性已经可以比肩甚至超越了传统的市场部。

京东商城推出的京东众筹，其实就是一种资源合作营销。

京东众筹是京东金融推出的一个名叫"凑份子"的业务，其众筹的种类主要为四大类：产品众筹、公益众筹、股权众筹、债权众筹。"凑份子"首期上线的 12 个项目均为产品众筹，是出资人对众筹项目进行投资，获得产品或服务。

众筹项目由项目发起者发起，由多人参与支持，发起人根据项目的真实情况和进展实时公布，设定参与时间，最低支持金额，并承诺参与者应得到的项目回报。而参与者只需使用京东账号登录京东金融进入众筹项目面页，浏览了解项目后即可点击购买支持的项目金额，待项目完成后即可获得项目承诺的回报。

资源合作营销也有一定的局限性，那就是其成功的关键在于如何深入挖掘自身资源，有效扩大资源价值。这就需要人们在实际操作时，充分发挥想象力、创造力，合作方式要不拘一格，只有好的合作创意才能带来更好的效果。

网络广告营销

传统的广告营销已经充斥人们的日常生活，人们对这种广告营销也可以说是非常熟悉了，它通常借助电视、广播、报纸等大众性传播媒体，又有路牌、灯箱、交通工具等户外媒体，以及POP（一种店头促销工具，如吊牌、海报、展架等）、包装物、电话黄页、产品目录等其他媒体，甚至还包括人体、厕所墙壁等一切可利用的媒体进行广告推广。其中，报纸、广播、电视是公认的三大传统广告媒体。

与传统媒体广告不同，网络广告营销是在网络普及之后兴起的新的广告营销模式。这种营销模式主要通过发挥网络互动性、及时性、多媒体、跨时空等特征优势，选择适当的网络媒体进行网络广告投放。

网络广告的对象是与互联网相连的所有计算机终端客户，通过互联网将产品、服务等信息传送到世界各地，其世界性广告覆盖范围使其他广告媒介望尘莫及。

与传统广告营销相比，网络广告营销具有更多的优势：

第一，媒介形式多样性。

网络广告可采用融文字介绍、声音、影像、图像、颜色、音乐等于一体的丰富的表现手段，具有传统广告媒体的各种优势，同时又具备更多前者所不具备的优势。而且，和传统的广告媒体相比，网络广告制作成本更低、时效更长。

第二，信息量大。

网络广告的内容大可到飞机，小可到口香糖。庞大的互联网网络广告能够容纳难以计量的内容和信息，它的广告信息面之广、量之大是传统广告媒体无法比拟的。

比如，报纸广告的信息量常常受版面篇幅限制，电视广告的信息量要受到频道播出时间和播出费用的限制，而网络广告信息量不仅可以极度丰富，还可以全天 24 小时随时播放。

第三，传播更加高效。

报纸广告基本是一对一的传播，电视传媒采取的是一对多的方式，而互联网上的广告则是多对多的传播。之所以这样，是因为在互联网上有众多的信息提供者和信息接受者，他们既在互联网上发布广告信息，也从网上获取自己所需产品和服务的广告信息。

第四，互动性更强。

在传统的广告营销中，人们只是被动地接受广告，很难或是几乎无法实现与广告营销的互动；但在网络广告营销中，企业或个人将广告信息内容准备好，放置于站点上之后，所有网络用户都可以通过上网及时查看，获取广告信息。例如，一家公司通过网络广告将公司产品信息传播到世界各地的互联网计算机终端客户面前，当受众之一的个人收到该信息后，如果对该产品感兴趣，就可以在网上查找产品，以获得更多的相关信息，或通过电子邮件、网络电话、网络传真等向该公司询问各类相关问题，甚至进行交易。

第五，网络广告拥有更具活力的消费群体。

据不完全统计，70%以上的互联网用户集中在经济较为发达地区，这些用户中，85.8%的人年龄在 18~35 岁之间，83%的人受过大学以上程度的教育。由此可见，网络广告的目标群体是目前社会上层次较高、消费能力较强、较具活力的消费群体。这一群体的消费总额往往大于其他各消费层次的消费总额之和。

第六，广告投放更加准确。

网络广告的准确性包括两个方面：一方面是广告主投放广告的目标市场的准确性；另一方面体现在广告受众的准确性上。上网是需要付费的，消费者浏览站点的时候，只会选择真正感兴趣的广告信息，所以，网络广告信息到达受众方的准确性非常高。

综上所述，与传统广告营销相比，网络广告的优势相当明显。但是，网络广告营销也并不是完美的，它也存在一些不足，比如创意的局限性。由于网络页面的空间是有限的，这就给网络广告的设计提出了更大的挑战。不过，总体来讲，网络广告推广已经是目前最优越的推广模式之一了。

病毒式营销

病毒式营销常用于进行网站推广、品牌推广等，其传播途径是用户口碑传播，即从一位用户传播到另外一位用户那里，这种用户彼此接触的营销，过去也被称为"口碑营销"。

病毒式营销是由欧莱礼媒体公司总裁兼 CEO 提姆·奥莱理提出的。奥莱理是美国 IT 业界公认的传奇式人物，也是开放源码概念的缔造者。

在互联网上，这种"口碑传播"更为方便，可以像病毒一样迅速蔓延。病毒式营销鼓励用户将营销信息传播给他人，并为信息的曝光和影响创造潜在的增长动力，使之呈几何级数增长。

病毒式营销包含三要素：病原体、易感人群和传播方式。病原体即被推广的产品或事物，它依靠对目标群体的利益、爱好、信息接收方式等的分析制造传播点，从而增加关注度；易感人群是可能接收信息并将信息传递下去的人群；传播方式即传播的手段和渠道。

由于这种营销的传播是用户之间自发进行的，因此，它几乎不需要费用。正是因为这种营销模式存在先天的优势，所以，目前很多销售或推广活动都更乐于采用这种方式。

2014 年，网上疯传的"冰桶挑战赛"就是一个很好的病毒营销的案例。

2014 年入夏以来，冰桶挑战风靡全球。这个由美国 ALS（肌萎缩性脊髓侧索硬化症）协会发起的慈善活动，要求参与者在网上发布自己被浇冰水的视频，再点名其他人参与。被邀请者要么在 24 小时内接受挑战，要么选择捐出 100 美元。比尔·盖茨、马克·扎克伯格、科比、雷军、周鸿祎、刘德华等各界大佬名流纷纷迎战。

伴随持续发酵的名人效应，从 7 月 29 日到 8 月 12 日，ALS 协会总部共收到 230 万美元的捐款，而去年同期收到的捐赠只有 2.5 万美元。截至 8 月 20 日，捐款数已高达 1140 万美元。

美国著名电子商务顾问拉尔夫·F.威尔逊博士认为，"冰桶挑战"是一场成功的病毒式营销。"冰桶挑战"的病原体并非具体产品，而是以慈善为目的，期望引起大众对肌萎缩性脊髓侧索硬化症的关注，募集善款，其病原体并未刻意设计和制造。有影响力的易感人群的参与，是其成功的关键之一。"冰桶挑战"中，全球政、商、文娱等各界标杆人物纷纷被点名参与，他们拥有的话语权与关注度，本身就是一种巨大的传播力。

天下没有免费的午餐，任何信息的传播都要为渠道的使用付费。而在上述案例中，我们却看到病毒式营销几乎是零成本的，但这种零成本并不是绝对的，这种营销利用的是目标消费者的参与热情，但渠道使用的推广成本依然存在，只不过目标消费者受商家的信息刺激自愿参与到后续的传播过程中，原本应由商家承担的广告成本转嫁到了目标消费者身上。

他们为什么自愿提供传播渠道？原因在于，第一传播者传递给目标群的信息不是赤裸裸的广告信息，而是经过加工的、具有很大吸引力的产品和品牌信息，而正是这一披着漂亮外衣的广告信息，突破了消费者戒备心理的"防火墙"，促使其完成了从纯粹受众到积极传播者的变化。

这一案例也给采用病毒式营销的企业或个人一个很重要的启示，那就是：运用这种营销模式，首先一定要确保源信息披着漂亮的"外衣"，不能让广告信息太过明显，引发传播者的反感，否则，营销效果就会大打折扣。

BBS 营销

所谓 BBS 营销，就是在网络论坛的平台上，企业通过发帖、跟帖、文字介绍、图片、音频、视频等手段，去宣传企业品牌以及产品。

基于论坛基础的营销，不只是广告宣传和发布信息那么简单。因为论坛的性质在于网民之间的互动，所以，网友们对广告帖都比较反感，广告软文也会被管理员删除。在论坛上进行口碑营销，所要做的，就是不露痕迹地进行宣传，引起网民的互动，使信息得到充分的传播和互动。如此，既满足了网民参与和发表舆论的情感需求，也提升了企业自身的形象，使品牌得到了传播。

而论坛相对于商业媒体来说，在网民心目中更加纯粹，它集合了一群有共同特征或共同爱好和追求的网友，他们互相交流，发布观点，互通有无。论坛互动性极强，网友之间发布的观点也会互相影响。

论坛营销的盛行有其重要根基，一个是内心情感：国人的思想行为仍推崇"含蓄"和"中庸"，相对于热情开放的西方人而言，国人在日常生活中更加审慎也更加含蓄，轻易不会表露内心的情感和欲望。而论坛向人们提供了一个发表观点和发泄情感的窗口，其身份的隐匿性大大吸引了网民畅所欲言。另外就是社会舆论的因素：随着社会和文化的发展，人们的思想越来越解放，传统媒体都是只发布，不交流，而论坛的存在满足了人们参与舆论，在公共社区发表意见和评论的要求。

而对于80%的网民而言，其在网络及论坛上看到的网友们形成的观点，会成为其选择品牌以及对品牌看法的重要参考。假设一个帖子中，大家达成了对某个产品的共识，如果能够充分互动，形成热帖，那么，几乎所有参与讨论或者看帖的网友都会加强对这一品牌的好感。

论坛营销具有低成本的特点，论坛营销多数时候属于在论坛上发帖和灌水，主要考的是执行论坛营销的企业对话题发帖的把握能力，还有如何进行论坛营销的创意能力，最终效果并不在于资金投入的多少。所谓物以类聚、人以群分，不同兴趣爱好的人当然是混迹在不同的论坛。这就需要企业在选择论坛群体时候，能够精确锁定目标，达到传播效果的最大化。论坛营销对于网民来说可信度更高，中国人普遍认为，群众的眼睛是雪亮的，而大众的口碑是可信的，其真实度非常高。企业要把产品、品牌宣传到位，一定要选择好的执行公司，做出专业的、有创意的营销，这样才能实现低成本地利用民众的力量，引导大众舆论。

发在论坛上的营销贴主要有两种：

(1) 广告信息发帖跟帖

这种形式比较简单，技巧性不高，投入时间大，效果因情况而异，形式就是注册马甲，发布广告帖，有时是直接跟在热帖后回帖，从而起到宣传自己产品的作用，总体来说，适合小型企业和个体商人。例如各大论坛常有小型企业和淘宝卖家发布广告信息，这种广告帖容易识别，内容简单，只能起到让人"知道"和"看到"的作用，通常会很快被删除或者在论坛中沉下去，如果想要更多的社区用户看到，就需要大量发帖，不断宣传。

（2）纯广告软文

广告软文是目前 BBS 营销中最常见的形式，其特点就是把产品信息切入到吸引眼球的文章中。

如某帖《姐妹们告诉我该怎么办，因为小孩的病又和婆婆闹翻了》，帖子内容说的是发帖人结婚一年，和婆婆常有矛盾，有了孩子后，更是常常因为小孩生病该吃什么的问题跟婆婆发生争执。之后几页引起了热烈讨论，然后发帖人提出孩子的病是吃某种保健品好的，这种保健品效果非常好云云，引起了大量关注。这个帖子就是典型的广告软文帖，其广告主体"保健品"，很好地切入了"因为小孩的事情""孩子的病""婆媳问题"这三个吸引人关注的话题，最终润色融合在了一起。

这种广告软文通常技术含量要高一些，其引起的关注也比单纯的广告帖要大，人力投入也更大，一般需要找专门的策划团队，策划出一系列软文，集中投放在社区，找专门马甲顶帖发帖等，适合绝大多数中小企业。

第二章

移动互联网时代的
新营销策略

1.移动时代的新营销视角

移动互联网时代已经到来，移动互联网营销也方兴未艾。无论是在品牌传播、产品促销还是渠道建设方面，企业都面临着全面的变革。因此，要么主动参与到这场变革的洪流当中，成为先驱者，要么就在踟蹰犹豫中被洪流迅速吞没。

营销策略的出发点是营销视角，企业首先需要解决的是如何审视自己的传统营销思路，并结合新时代的规则挖掘属于自己的新的营销视角。

视角一：新媒体取代传统媒体

传统媒体的生存、作用空间不断被压缩，新媒体不断崛起，营销者需要重新考虑自己的媒介资源分配。之前那些让你付出昂贵代价的媒体（报刊、广播、电视等）虽然并未失去营销价值，但营销性价比已大大降低。新媒体，尤其是移动互联网的投资回报比则远远超过你的想象。尤其在手机 APP 这一块，其卓越的娱乐性与互动性使得企业的营销能力大大加强。

2013 年 8 月 1 日，世界知名咖啡品牌 Costa 咖啡与网易新闻手机客户端联合推出了"慢享咖啡，速阅天下"的互动咖啡调配游戏活动。该活动主推"在手机上调咖啡"的新奇体验，8 月 1 日至 30 日活动期间，只要是装有网易新闻手机客户端的用户，都可以在手机上"调制"咖啡，完成从"研磨咖啡豆"到"添加热水"再到"配比原料"的咖啡制作步骤，并依据配比结果立刻获得 Costa 咖啡的"买一送一"或"免费升杯"电子优惠码。

另外，为了进一步加深用户对优质咖啡的理解和喜爱，该客户端还会在咖啡制作过程中弹出一些"咖啡小贴士"，帮助用户了解咖啡文化。

这次的强强合作营销不仅成功使得 Costa 咖啡的"咖啡个性化"品牌理念深入人心，并通过优惠码吸引大量用户去其门店消费，还进一步提高了网易新闻手机客户端的知名度和影响力，达到了双赢的结果。

我们看到，传统企业越来越重视新媒体的力量，并逐渐加大了在移动端的营销投入，这也预示着像网易新闻手机客户端之类用户数量大、活跃度高的手机 APP 将成为新营销的主要阵地。

视角二：精准投放取代撒网营销

精确营销将取代传统的撒网式营销，移动互联网广告的投放将更加精准，这种精确不仅体现在投放的准度上，也体现在投放内容的个性化上面，所以对消费者的刺激作用更加明显。

首先，使用移动互联网的用户的信息是可以被追踪、搜集和分析的，消费者的兴趣和需求可以被判断。

其次，通过各种新技术，尤其是大数据，企业可以将客户关系管理数据库与人格营销联系起来，对具有不同人格和偏好的群体设计不同的营销、沟通方案，确保营销过程不使用户反感。

2006年5月，世界著名运动品牌阿迪达斯在中国联通手机平台上进行了广告的精准投放，它选择了WAP PUSH（又叫服务信息或推送信息）和"互动视界"文字链接两种广告形式。相比传统的随机广告弹窗，这次精准投放的效果很理想：文字链接的点击率是4.25%，WAP PUSH的点击率是4.38%，注册率也达到了4.32%，而用户投诉率为0。通过这些数据，我们可以看到，手机广告的精准投放达到的平均4%以上的点击率远远大于网络随机广告弹窗千分之几的点击率，其购买转化率更是令企业惊喜不已。

移动互联网时代，想用手机赚钱，就不能放过手机广告精准投放的巨大价值，因为这种精准投放及其后续营销拥有其他媒介不具备的绝对优势。

视角三：互动策略取代单向推销

相比传统媒体的单向推销，移动互联网的最大优势就是拥有更加丰富的互动性。如今的消费者变得更加主动，他们会随时随地通过移动互联网来搜寻自己想要的信息，同时，他们也会主动忽略或屏蔽那些自己不喜欢的营销广告。这种变化要求企业及时跟进，通过APP、微信、微博等诸多渠道和移动互联网用户进行频繁、深入的互动，打破自己原有的冷冰冰的企业形象，在移动互联网上塑造一个亲民的"人化"形象。

联合利华公司旗下品牌多芬近年持续推广崇尚美丽的"真美运动"，通过深入的互动极大地提高了人气与销量。多芬不仅强调用户与品牌的互动，还看重用户与用户之间的互动。

首先，多芬推出了"真美运动"的官方网站，提出了互动话题"什么是真正的美丽"，并设置讨论区供用户互动讨论。很快，这个网站成为了女性讨论美丽话题的全球性社区。同时，多芬还在网站上开设专家专区，并提供与美丽有关的各种调查、白皮书、报道等。

其次，多芬开展了"评选真美女性"的互动活动，该评选由大众评审投票决定。为了调动用户参与的积极性，多芬在纽约时代广场做了一块互动式投票显示屏，使得每个人都有表达意见的机会。

在系列互动取得广泛关注后，多芬又及时推出了互动网络短片。这个一分钟左右的短片用真实的镜头记录了一个长相普通的女孩是如何通过化妆、PS等成为超级模特的，视频最后的字幕写道："毫无疑问，我们的审美被扭曲了。"借此向公众传递多芬的"自然美"观念。该视频在网络上的点击率与转发量惊人，并引起了广泛的争论。

这一系列互动营销活动推出仅两个月，多芬在美国的销量就上升了600%；半年之后，其在欧洲的销量也上升了700%。

移动互联网消费者不喜欢单向、强制式地接受广告，他们希望自己去体验、发现、感受。同时，他们也渴望与其他人分享这种亲身体会的感受。因此，企业不仅要学会主动和用户互动，还要帮用户与用户之间搭建一个交流的平台。

视角四：粉丝经济成为主流

在诸多刚刚兴起的移动互联网营销思路中，最博人眼球的就是"粉丝经济"了。大部分使用移动互联网的人都有自己的社交网站的账号：人人、微博、微信……网络社交生活化已成为不可避免的趋势，因此，社交网站的基础——好友，也就是俗称的粉丝，成为了一个重要的营销落脚点。

移动互联网时代，粉丝经济至少可以有两种解读：一是通过对企业品牌的塑造，吸引一批十分认同企业价值观的忠实客户，例如赞赏苹果创新与个性精神的果粉就为苹果创造了大部分的收入；二是通过对企业在移动互联网社交门户上的长期经营和推广，积聚一大批关注者，并据此开展各种营销活动，利用舆论热度来提高营销效果。对企业来说，这两者都不容忽视。

国产知识性脱口秀类栏目、自媒体新秀《罗辑思维》一经推出就斩获粉丝无数，其每期的网络点击率高达百万以上。但如何将粉丝转化为收益呢？该栏目的主创兼主持罗振宇的做法让人们眼前一亮。

2013 年 8 月初，《罗辑思维》的微信公众账号推出了"史上最无理"的付费会员制：5000 个普通会员 +500 个铁杆会员，会费分别是200 元和 1200 元，为期两年。这种"抢钱"式的会员制居然取得了令人惊讶的成功：半天之内，5500 个会员全部售出，160 万人民币入账。其粉丝的忠诚度可见一斑。

有人会问，这些会员用真金白银对罗振宇表示支持，具体能得到哪些好处呢？罗振宇很快就给出了答案：他先后几次提供会员福利：第一时间回复会员资料的会员将获得价值 6999 元的乐视超级电视——这相比他们付出的 200 元会费实在是赚大了！而先后送出的总共价值 7万元的超级电视并不需要罗辑掏一分钱——这是乐视免费赞助的。

从罗振宇的粉丝营销案例中，我们可以看出，他首先通过其优质内容产品将有相同价值需求的社群聚集在一起，通过收会员费的方式赚取收益，同时进一步增加粉丝黏性。然后，他以这个忠诚度极高的群体作为基础，向需要精准营销的品牌提供合作机会，自己则作为社群与品牌的链接，形成自己的稳定收益来源。

视角五：网购渠道大行其道

移动互联网的发展也促使网购进一步发展，虽然仍有不少人担心手机支付的安全，但这种便捷的消费方式必然会成为未来的发展趋势。

所以，企业在进行移动互联网营销的同时，还要进行相关的渠道建设。如果仅仅希望通过移动互联网营销将顾客吸引到自己的线下门店进行消费，那实在是对移动互联网资源的巨大浪费。

2. "互联网+" 企业营销的发力点

有了新的营销视角，接下来就是在此基础上挖掘、完善属于自己的移动互联网营销方式和渠道。尽管关于营销那些事看上去千头万绪、纷繁复杂，各种理论也层出不穷，但归根结底无非就两个因素，一是营销环境，二是营销对象。

什么是营销环境？就是这个产品要在什么样的市场环境下销售。什么是营销对象？就是这个产品要卖给谁，他有些什么特征？他的消费观念是什么？他想要什么？

现代营销学之父菲利普·科特勒教授把营销的演进划分为三个阶段：

第一，营销 1.0 时代，即 "以产品为中心的时代"。这个时代，营销被认为是一种纯粹的销售，一种关于说服的艺术。

第二，营销 2.0 时代，即 "以消费者为中心的时代"。此时，企业追求与顾客建立紧密联系，不但需要继续提供产品使用功能，更要为消费者提供情感价值，企业需要让消费者意识到产品的内涵，理解消费者的预期，然后吸引他们购买产品。

第三，营销3.0时代，即"价值观为中心的时代"。在这个新的时代中，营销者不再仅仅把顾客视为消费个体，而是把他们看做具有独立思想、心灵和精神的完整的人类个体。"交换"与"交易"被提升成"互动"与"共鸣"，营销的价值主张从"功能与情感的差异化"被深化至"精神与价值观的相应"。

(1) 营销环境的嬗变：移动化、碎片化、场景化

如今的营销环境基本上可以用三个词来总结：移动化、碎片化、场景化。大家已经不再局限于每周、每月的固定时间里，在固定的购物场所进行消费，而是转变为随心所欲的全天候、多渠道的消费，消费者可以在任何时间、任何地点通过任何方式购买他们所喜欢的商品。无论是智能手机销量的暴增还是人们花在智能手机上时间越来越长，都足以证明整个营销环境的移动化。

碎片化的特征就更明显了，如今，人人都是自媒体，个个都是消息源，大家的注意力被分散在各个媒体。至此加剧了用户的三个碎片化趋势：消费地点的碎片化；消费时间的碎片化；消费需求的碎片化。

很多时候，营销要触动消费者，一定要有匹配的情景，因为人是受环境影响的。而新技术的发展让随时捕获这种情景变得容易，比如可佩戴市场，还有移动互联网和任意的广告屏幕以及终端的无缝链接。因此，营销如何"场景化"以及如何匹配内容和场景，成为了所有企业都需要面对的问题。产品要能够制造出让消费者关注的内容话题，并通过不同的媒介制造出短时间内的话题场景，这样才能引爆品牌。

(2) 消费主体的蜕变：个性化、社交化、娱乐化

研究完环境，我们再来看看消费主体有哪些变化。

总的来说，同样有三个关键词可以很好地概括这4亿多80后、90

后消费主体：个性化、社交化、娱乐化。

80后、90后作为一个正在不断崛起的消费群体，他们的消费观念、消费权力、消费意识、消费话语正在深刻影响着整个商业环境。普遍认为"80后、90后"的心理特点就是追求自我张扬、有与众不同的个性。他们重视产品的消费体验是否能给自己带来心灵、情感上的最大满足，并获得差异性、个性化、多样化的体验。因此，参与感成为了小米手机大获全胜的成功秘诀。

"80后、90后"这一群体接受了市场经济、全球化、互联网进程的洗礼，他们的人生观、价值观和世界观以及由此衍生出的消费观，呈现出了与其父辈迥然不同的特征。腾讯QQ发布的《中国90后青年调查报告2014》显示，90后是孤独与集体孤独的一代，他们有强烈的社交需求，孤独的他们习惯沉溺于虚拟社交圈，由此可以理解为什么各种社交媒体工具会如此火热流行。

调查数据表明："玩"是80后生活的主体，"玩"的开支可达他们日常消费的1/3。而娱乐的价值就是教会他们"怎样玩"以及通过何种载体让他们觉得"好玩"。宣称"我每天可以吃得有限、穿得有限、花得有限，但是开心必须无限"的90后热爱娱乐，这种娱乐可以是对娱乐八卦的热爱、对生活压力的宣泄、对社会现象的吐槽、对自己生活的搞怪，天大的事也可以被他们解读得极具娱乐精神。

(3) 营销策略：大数据营销、内容营销、社群营销、场景化营销

分析完营销环境和营销主体，问题来了，面对"移动化、碎片化、场景化"的营销环境和"个性化、社交化、娱乐化"的消费主体，企业该如何是好？

首先，我们要清楚什么是互联网营销。美国互联网营销专家Chuck Brymer认为，互联网营销的本质就是用最小的投入准确链接目标顾客，用完美的创意实现强大的口碑以影响目标群体。由此可知，面对"移动化、碎片化"的营销环境和"个性化、社交化"的消费主体，企业还必须同时满足"最小的投入，最精准的链接，最完美的创意"等要求。哪种营销方式可以完美胜任呢？非大数据营销与内容营销不可。大数据营销解决最小投入、最精准链接，而内容营销则以完美的创意实现朋友圈疯狂转发，比如之前流行的"情怀辞职信"就属于此样版案例。

面对"碎片化、场景化"的营销环境与"社交化、娱乐化"的消费主体，企业该如何迎战呢？兵来将挡，水来土掩，社群营销联手内容营销轻松应战。社群营销摆平社交化的消费需求，内容营销则利用各种段子攻破碎片化的场景，如曾一夜火遍网络的"伟大的安妮"《对不起，我只过1%的生活》。

总之，碎片化的渠道、碎片化的时间、移动化的行为、个性化的价值观、娱乐化的诉求决定了"互联网+"企业背景下的营销向着场景化、数据化、内容化、社群化的趋势发展。至此，"互联网+"企业的营销模式四大落地系统也一目了然，未来企业在营销方面的发力点就是大数据营销、高品质内容、场景化匹配、社群化传播。

3.大数据营销的价值和问题

这个时代，搞营销就像是在做一道未知口味的超级大蛋糕，而营销手段就好比不同的口味配料，随着个人的喜好不同，配出的味道也将会不一样。但这个蛋糕终归是要拿到桌面上去品尝的，那么，如何在海量的人群信息中具有针对性地让潜在客户看见并接受呢？答案就是大数据的运用。随着移动互联网的发展和移动智能设备软硬件功能的不断完善，网民使用习惯发生了巨大变化，用户行为方式从传统的PC 端为主转变为"PC 端+移动端"并重，呈现出跨屏互动的趋势，至此，大数据的作用也日益明显起来。然而，对于大数据及营销，你真的了解吗？它到底有哪些价值？又有哪些问题呢？

(1) 大数据营销让一切营销行为和消费行为皆数据化

数据流化使得营销行动目标明确、可追踪、可衡量、可优化，从而造就了以数据为核心的营销闭环，即消费——数据——营销——效果——消费。

新意互动策略中心总经理邓继民在接受采访时表示，大数据营销的价值主要表现在两个方面，一是数字品牌，二是效果营销。而如何优化提升品牌数字资产，是数字品牌发展的根本和核心。这里所指的数字资产不仅仅是传统品牌营销所指的知名度、美誉度，更重要的是品牌与消费共创的数字生态价值，从而实现数据的商业化，进行有效的导流和促进销售。

他认为，品牌会把"数据"当成营销运营的核心部分，打造符合企业、品牌行业及企业、产品特质的更加深度的数据体系和数据应用。毕竟数据是海量的，如何运用有限、有效的高质量数据为企业更好地创造价值比大海捞针的粗放式玩法要实际的多。然而，数字时代，一个品牌不仅在收集数据，同时也在制造和影响数据，如何塑造和运营更加有利于企业和品牌营销发展的数据流，必然成为今后品牌营销必须面对的重要课题。大数据不是目的，营销投入的关键在于产出，如何合理运用数据最大化影响营销投入才是最终根本所在。

(2) 大数据营销让社交网络营销等渠道更具价值

中传互动营销传播院院长于明认为，通过大数据抓取用户，让社交平台价值倍增，而大数据营销不仅起到了一个连接社交平台、精准抓取用户的作用，而且通过数据整理做营销后提炼大众意见去做产品，完成了社交平台营销中的最基础环节。这表现在一个新产品的推广中，完全可以利用大数据来整理用户需求利用粉丝力量，设计出新的产品，而众多参与者就是最原始的购买群体，随之打开销售渠道。

(3) 大数据营销让广告程序化购买更具合理性

面对互联网媒体资源在数量以及种类上的快速增长和越发多样化，不同广告主的需求也在日益多样，越发意识到投放效果、操作智能的重要性。大数据是通过受众分析，帮助广告主找出目标受众，然后对广告投放的内容、时间、形式等进行预判与调配，并完成广告投放营销的整个过程。

传漾创始人及资深技术副总裁王跃在接受采访时表示，大数据营销未来趋势将向程序化购买方面发展。随着程序化广告发展热潮带来的效率提升，企业将会把越来越多的预算放到程序化的购买里。大数据能让企业更加明确地知道自己的目标用户并精准地进行产品定位，从而做出极具针对性的布置，获得用户参与。

那么，怎么衡量大数据网络广告价值呢？所谓的大数据营销，不仅仅是量上的，更多的是数据背后对受众的感知，这体现在大数据的规模、速度以及对数据的挖掘、预测四个方面。另外，王跃表示，对广告来说，产消逆转将导致头脚倒立的新型广告出现。网络广告领域的探索颇具先见之明，其依托云端的数据库能够获取海量可交互的结构与非结构化数据，并由最底层的数据分析平台支撑中上游的应用服务，打通 PC 和移动互联网的数据通道，进而逐步催生出垂直的产业链形态。

(4) 大数据营销实现线上线下结合后进入多屏时代

"目前的数据挖掘更多还停留在线上数据的分析和挖掘上。因此，未来的关键点就在于如何能够实现线上线下数据的打通。一旦线上的数据和广告主的第一方数据相结合，大数据营销在更精准的基础上就会做到人群量的扩大。"悠易互通产品副总裁蒋楠表示，多屏时代的到来正在把受众的时间、行为分散到各个屏幕上，而广告主想要更好地抓住消费者的兴趣点，就需要实现多屏的程序化购买。未来，大数据营销的大趋势便是多屏整合下的数字营销。

目前，大部分企业经营决策面临的最大挑战不是缺少数据，而是数据太多，数据碎片化，各自为政。许多公司都存在一个问题，就是数据都散落在互不连通的数据库中，并且相应的数据技术都存在于不同部门中。企业信息部门只有将那些孤立错位的数据库打通、互联并且实现技术共享，才能够最大化大数据价值，提供决策支持。

(5) 大数据营销并非"量"的存在而在于"智慧的数字生态"

"对于大数据营销，多数人的理解还停留在'很大的数据'这一概念，大数据实际上是一种'数据生态'的表现，即从交易型数据管理层次拓展到社会化数据管理层次，从结构化数据管理拓展到非结构化数据管理等。在此基础上，必须要有商业智能分析模型的数据管理能力，否则无意义可言。"珍岛集团副总裁张蓬说道。

大数据营销等同于精准营销，或是精准营销是大数据营销的一个核心方向和价值体现。然而，目前市场上，很多运用大数据营销技能的企业都存在很多片面性：首先，整个 SNS 体系的生态数据应该是完整的数据展现而并非微博、微信数据平台等单一的数据支撑；其次，配套程度有限，大数据智能除了像 EDM 通道外，还需要和终端配合，这一点，目前市场上做得还很分散；最后，企业在做大数据营销时，对个体消费群体真正能够接受大数据给自己带来的便捷同时也因为涉及"个人隐私"这个敏感的词汇而有所收敛。

张蓬认为，大数据营销的两个核心方向是 ToB 和 ToC。ToB 即商业智能化，涉及企业智能化供应链决策体系优化，这个供应链不是常规理解的传统意义的物流，而是囊括企业人力资源、服务采购、销售市场拓展、内控成本分析等诸多层面。ToC，即生活服务，涉及餐饮、旅游、医疗等诸多领域，以个人信息为核心的信息组织管理模型将在未来重构民生体验。

(6) 大数据营销是"大规模、个性化互动"实现高效转化的基础

大数据营销以 DMP（Data Management Platform，数据管理平台）为核心，包括 CMO（Chief Marketing Officer，首席营销官）辅助决策系统、内容管理系统、用户互动策略系统、效果评估与优化系统、消费者聆听和客户服务系统、在线支付管理系统等几个方面，主要从决策层、分析层和执行层几个方面来完成营销、服务和销售全流程管理。

时趣首席科学家王绪刚认为，在银屏时代，营销的核心是品牌形象传递；在互联网门户时代，营销的核心是数字化媒介购买；而在以移动、社会化为代表的互联网 3.0 时代，营销的核心是实现"大规模的个性化互动"。这里的互动指的是更加广义上的接触点策略，比如更加有针对性的传播内容，更加人性化的客服信息，千人千面的个性化页面，而实现这一核心的基础就是消费者大数据的管理。大规模代表效率，个性化代表更好的转化效果。因此，所谓大数据营销的价值，就在于能够实现更加高效的转化。

每个公司所处的阶段不同，关心的问题也不同。未来除了广告平台以外，品牌主会更加关注其消费者生命周期的数据管理，与平台合作，实现在多个接触点上的个性化沟通。因此，传统意义上的广告策略将渐渐被基于对用户画像的自动化沟通机制所替代，而 CMO 也必须借助构建 DMP、SCRM（socialcrm，社会化客户关系管理）等 IT 设施来应对这一趋势。

(7) 大数据营销即建立一个数据建模让营销更加精准、有效

微播易技术经理林星认为，数据的获取方法主要体现在信息系统普及、传感器网路等。其次是数据处理方法，像是使用通用计算机搭建计算能力超群的系统，如 SNS 社交媒体，利用更加开放的系统，在

不妨碍平台利益和用户隐私的情况下，理论上获取每一个个人的 SNS（社会性网络服务）行为轨迹，然后存储在服务器上，形成一个庞大的数据库积累后成为大数据营销的一个数据基础。

目前，在营销过程中涉及的数据多而杂，需要对数据的有效性进行过滤，例如行为噪声、重复数据、非目标用户数据等。换句话说，大数据时代，数据和处理能力不再是主要矛盾，主要矛盾是如何从数据中获取想要的知识，也就是数据建模即挖掘能力。当然，这个问题的求解需要一些列建模的过程，然后把它转化成为具体的计算问题。

林星表示，目前的大数据技术虽然可以让营销动作更加精准、有效，但做起来并不容易。即便是公认大数据营销的大佬亚马逊、乐天，也经常会被吐槽推荐的东西驴唇不对马嘴，或者是已经买过的东西也会一再推荐。因此，未来基于大数据技术的提升，大数据营销的精准性将带来更多的商业价值。

(8) 大数据营销就是对"小数据"分析过程中的数据应用

对于大数据营销，多数人认为在做的事情可以称之为"大数据"，在众多乐观的态度中，易观国际分析师董旭却提出了对立的观点。她认为，今天所有的营销数据基本上是各家在利用有限的数据资源，虽然这个数据资源可能是庞大的，比如庞大 cookie（储存在拥护本地终端上的数据）量、附属性的分析量等，但将其放在互联网、移动互联网环境上，只是与营销相关的数据之一。因为现如今产业链的特征，企业都会有自己独立的 DMP 系统，但做 DMP 第三方市场还没有一个通用型的 DMP 平台可以提供获取数据。因此，所有的 DMP 本身都是在应用数据，而并非全网的大数据。

另外，当今的所有用户数据都来自于 cookie 或是 APP 使用行为等，如用户属性、购买行为等，因其数据本身的局限性再从数据本身的一个维度的扩张来看，今天的数据也够不成大数据。大数据营销还处在一个概念普及的阶段，大数据未来的发展方向是指导整个营销行业趋势化而并不指导实际运用的作用和价值，真正指导这个行业运用的还是小数据为主。这也是为什么如今独立的第三方 DMP 生存并不理想的主要原因。

大数据可以帮助品牌发现机遇，如新客户、新市场、新规律、回避风险、潜在威胁等，同时亦有助于品牌营销决策的调整与优化。这其中包含了数据人才、数据模型和应变数据管理的组织职能优化等，这也是当前企业大数据营销转型中最大的三个门槛。

目前大数据营销的最真切的切入点就是去做内工层面，即概念普及认识数据的重要性，这其中包括数据的活性、量级、准确性以及数据维度的多元化，最后交给市场一个教育的过程。

4.内容营销：紧跟变化的脚步

传播内容的新软件、技术和媒体层出不穷，内容营销正以极快的速度发展变化着。试图放慢脚步或稍事休息不会带来什么好处。紧跟变化的脚步，学会顺应消费者的需求和偏好将让你事半功倍。

服务与内容营销结合

首先，我们可以将内容比喻成商品来供大家理解。在那个只看报纸的年代，买东西都需要凭票，因此，粮票、肉票各种票的地位尤为重要。而当社会进入电视时代，谁在各大卫视投下广告，谁就能有效地传递信息，主导消费者的购买走向。可在互联网时代，每个人面前都是由庞大信息构成的"满汉全席"，各色各类的商品琳琅满目，如何让自己的商品在趣味性强和有营养的信息故事里脱颖而出呢？硬邦邦的广告绝对不是你的首选。因此，学会做内容营销比单一的广告营销更重要。

初级营销是你策划故事讲给别人听，而高级策划则是让客户讲你的故事，一传十十传百，让不熟悉你的陌生人找上你，让每一个走在路上的行人都听过你的故事。

听起来匪夷所思，其实，做到的人不少。

以海底捞为例，他们的营销手段明显就是高级的内容营销。海底捞在网络上没有一个硬广告，连优惠活动也很少，可为什么海底捞却以铺天盖地之势开遍了祖国的大江南北呢？首先，口碑就是生命，要让你的好口碑超过客户对你的预期。其次，服务也是衡量一家企业好坏的重要标准。

上错菜在一般商家看来可能是件很小的事，可一旦海底捞的员工上错菜，就会送给客户一份饼，上面写着"对不起"，这就是有趣的"道歉饼"的故事。开门做生意，客户的种类繁多，不少妈妈也会带着出生不久的婴儿去吃火锅，海底捞会提供舒适的婴儿床或婴儿服供客人使用。不仅如此，他们还会注意女性客户的需要，在等待上菜的时间里，客户可以享受免费的美甲、游戏等服务。

与其用大量的资金投放广告，不如把眼光放长远一点，脚踏实地地做好客户服务，激发客户分享。服务也是营销环节，从客户口里分享出去的故事，绝对比自己讲的动听。

将服务与内容营销结合，才能构成企业真正强大的营销体系。也就是说，服务的结束并非营销终点，把口碑传递出去才是客源不断的秘诀。

传播内容的新软件、技术和媒体层出不穷，内容营销正以极快的速度发展变化着，在内容营销上的成功将取决于你能在多大程度上紧跟趋势的变迁。

深挖数字

市场调查公司 Smart Insights 对 600 名读者进行了民意测试，结果显示：29.6%的受访者认为内容将是他们今年的头号数字营销工具。有意思的是，内容营销排在了大数据、营销自动化和移动营销的前面。它还大幅领先于社交媒体营销、搜索引擎优化（SEO）、付费广告和一众其他营销活动。

内容是如此有价值的一个工具，原因在于它的广泛用途和覆盖范围。根据内容营销学会收集的调查数据，在谈到为他们的客户制作和传播内容时，内容营销人员为 2015 年设定了 8 大目标：客户关系/忠诚度、互动、品牌知名度、销售额、客户福音传播、导引性销售、潜在需求培养和向上/交叉销售。

没人质疑未来几个月里内容的重要性——它将继续为各类规模的企业和各行各业带来良好的回报。然而，大多数人好奇的是内容营销在未来将会如何变化。

内容营销正在经历的 7 种变化

（1）内容创作方面的开支增加

很明显的是，数字营销已成为大多数 B2C 和 B2B 私营企业的支柱。在内容营销成为大多数此类企业首要任务的情况下，花在高质量内容创作上的开支将随着数字营销预算水涨船高，这并不让人意外。实际上，平均而言，各企业品牌计划将其营销预算中高达 15%的部分拨给内容创作。不愿相应调整预算的公司可能会发现，在一个已经充斥大量内容的市场中很难开展竞争。

（2）更加注重个性化

更加注重内容个性化有两个主要原因：一是社交网站和不断发展的科学技术为营销人员提供了极为完备的数据和深刻的洞见，二是网页上的内容已如此饱和，企业被迫寻找出路以便让自己和竞争对手有所区分。约翰·奈特博士表示："我们通过第一手信息发现，在我们网站提供高度个性化的内容，而非前几年那种泛泛的网文后，我们病人对内容的响应程度大幅提高。"不同行业中的众多其他企业将在未来几个月内重申这一观点。

（3）更好地利用视觉内容

你需要做的就是看看社交媒体的发展方向，以便了解内容的未来在哪里。过去几年来，互联网用户对图像、视频和图形的热情不断高涨，这一趋势看起来是永久性的。视觉内容比静态文本更受欢迎，内容营销领域将被迫迎合这类需求。这一趋势还伴随着这样一种变化：内容成为讲述故事的载体。视觉内容在讲述品牌故事时比文字更加形象，这意味着以后视频和信息图的重要性将进一步上升。

（4）更多的评估工具

分析行业的从业者以极大的热情期待着未来几个月的到来，其中很大一部分原因在于内容营销人员爱上了评估和测试工具。具体说，就是内容营销人员对 A/B 测试的喜好。好消息是 A/B 测试相当容易——而得出的结果非常精细。市面上有几十种经济实惠的选择，全都易于掌握。

（5）内容将趋于本地化

谷歌相当直白地表达过他们要迎合移动用户的愿望，2015 年将是一个主要的转折点，内容将不再是仅仅针对移动用户而进行调整，而是在创作时就考虑到移动用户。内容营销人员将把很大一部分预算用于将内容推送给本地用户，当他们外出购物、乘坐公交车或吃午餐的时候，最终结果就是内容将更为个性化，更为独特。

（6）内容营销和社交媒体之间的界线将模糊

内容营销和社交媒体已彼此紧密交织，以至于要将两者区分开很有难度，但今后，内容营销与社交媒体间的这些界线将变得模糊并消失。精明的市场营销人员知道，社交媒体给内生增长提供了绝佳的机会，并将投入重金发展品牌的忠实粉丝，他们分享、点"赞"并与内容互动。如今，社交媒体已成为关注的焦点，你的企业在网上取得成功是非常重要的。

(7) 合作营销势头重燃

内容营销未来将要经历的最后一个重大变化，与合作营销有关。虽然 2014 年很多品牌不再推行客座文章这种方式，但有些品牌今年重拾对合作营销的信心，并计划重新投入资金和精力，与其他社交媒体用户、博客、网站和行业出版物建立双向关系。这一变化值得关注，因为谷歌将继续打击指向垃圾信息的链接，但该变化对维系了良好感情纽带的企业和品牌来说可能是个好消息。

自媒体掌握话语权

移动互联网营销不能完全依赖企业的官方微博、官方微信等官方账号，这是一个自媒体时代，人人有麦克风，人人是记者，人人可以成为新闻传播者。自媒体凭借其强大的交互性和自主性，使得信息传播的自由度与个性程度显著提高。

其实，企业无论利用自媒体还是传统媒体营销，其原理都是一样的，都是利用该媒体的流量（阅览量）和可信度。但相对而言，传统媒体、官方媒体的流量虽高，但由于亲民程度不够，所以可信度偏低；而自媒体虽然总体流量偏低，但更容易取信于消费者。同时，自媒体的内容形式更加多样，互动性更高，在传播效率上要比官方媒体更高。打个比方：一个官方微博有 100 万粉丝，但每条微博的转发量可能只有几十次；一个自媒体的粉丝数有 10 万，但每条微博的转发次数有可能达到上万次。

由此可见，自媒体的灵活多变在移动互联网内容营销当中是非常有优势的。因此，不论企业还是个人，在内容营销上都应该考虑两种可能：一是不断积累优质内容，将自己打造成一个高人气的自媒体；一是和其他自媒体合作，在他的优质内容中嵌入自己的营销信息。但后者需要注意，每个自媒体都有自己的特色，即使是同一个行业的两个自媒体，都有可能在风格和受众上相差悬殊。例如，同样是两个 IT 业的自媒体达人，一个喜欢吐槽娱乐新闻，一个喜欢分享卡通动漫信息，其粉丝构成明显不一样，企业在选择与谁合作时要详细调研一番。

不论从哪方面看，通过自媒体来进行内容营销都是一件比传统媒体更耗费精力的事，但相对的是，它的投资回报也很高。下面就为大家介绍一下自媒体内容营销过程中需要注意的几个原则。

（1）坚持内容个性化

营销学上有个说法叫"细分市场"，指的是企业经营者通过营销调研，依据消费者的需求与欲望、购买行为和购买习惯等方面明显的差异性，把某一产品的市场整体划分为若干个消费者群的市场分类过程。自媒体营销也需要细分自己的粉丝群体，最主要的方式就是提供个性化的内容。幽默和热点当然要有，但自身的定位不能模糊，不能一会儿是娱乐八卦达人，一会儿又成了文艺范十足的读书人，这种定位模糊极易造成原有粉丝的流失。

（2）先给予，再索取

自媒体不是一个向粉丝"索取"人气和支持的工具，而是一个"给予"内容和价值的平台。价值的种类很多，如资讯、经验、乐趣等，都是价值。

以微博红人、著名作家张嘉佳为例，他的微博就因为经常发布带有正能量的感人话语而广受追捧。

现在的微博数以亿计，微信公众账号也成千上万，只有像这些能为用户带来价值的自媒体才会受到青睐，获得人气和粉丝。只有了解了这个因果关系之后，才能调整好编纂内容时的心态，从很多细小的地方打动粉丝。

仍以张嘉佳的微博为例，他经常会发布一些感谢读者支持的微博。这些细节进一步增加了粉丝对张嘉佳的喜爱和支持，其书籍销量也因此一路攀升。

(3) 用自黑式幽默保持热度

要想塑造一个大家喜欢浏览并且持续关注的自媒体，就要持续地为粉丝提供有价值的信息，如果有时没有找到优质的分享内容，就要学会用幽默或者舆论热点来和粉丝互动，以保持热度。

仍以张嘉佳微博为例，一款很"虐人"的手机游戏 FlappyBird 流行时，他就上传了一张 PS 得很明显的游戏高分图片，用夸张和"自黑"的方式和粉丝保持良好的关系。

移动互联网时代，各种热点层出不穷，自媒体的灵活多变使得每个热点都能成为助长人气、保持持续关注度的优质素材，关键是用何种方法将其为己所用，张嘉佳的"自黑式"幽默值得借鉴。

5.三招玩转社群营销

传统的产品推广方式越来越难以维系，用户越来越容易产生审美疲劳，导致推广成本越来越高。这也让大家越来越重视粉丝经济、社群经济。

未来很多企业可以没有自己的知名品牌，但必须要有自己的粉丝会员，否则难以应对日益激烈的互联网竞争。

玩什么？——社群经济

随着微信的不断发展，社群经济这个概念也被大家逐渐重视起来。但社群经济的重点不是经济，而是社群。

什么是社群？传统的基于血缘和地缘的村落，就是一个典型的社群。但移动互联网时代，社群已不仅仅是你的亲戚和邻居，通过智能手机等移动端，每个人都可以随时随地在线，这让具有相同志趣、相同爱好、相同才能的人更容易聚在一起，形成现代新型社群。在这个社群里，大家经常沟通，建立感情，互相帮助，彼此信任，从而形成强大了凝聚力。凝聚力就是把大家都粘在一起，而且粘得越来越牢，像滚雪球似的，使得这个圈子越来越大。

但玩社群重要的是跟谁玩，就像"买房不重要，重要的是你和谁做邻居"。所以，对现在线上推广人来说，想要玩社群，一要选准产品，二要选准目标客户。

首先说选产品。很多推广人把朋友圈看成单纯的营销平台，天天在朋友圈发布广告，推销自家的产品，也有天天刷群推广的，但他们只是考虑到产品的推广，却忽视了产品的品质、用户的体验，这是大错特错的。只有保证你的产品或服务的品质，取得人们的信任，基于此建立的社群才会是一个有情感、有温度、持久的、不断壮大的朋友圈关系，你的推广才能得到发展和扩展。

其次说选客户。千万别说你的产品面向所有人，没有准确用户定位的产品要么本身太平庸没有卖点，要么就是市场竞争大、利润所剩无几的大众产品。所以，每个推广人都应该对自己的产品做一个细致的用户分析，确定自己应该跟谁玩。这个分析跟线下开店的市场调研类似，就是要了解目标客户的地域分布、消费习惯、工作收入、年龄范围、兴趣爱好及生活场景等。

哪里玩——中关系

去哪里找目标客户群体？答案是在你的关系中找。

每个人的社交网络关系可以分为强、中、弱三层。强关系指的是个人的社会网络同质性较强，人与人的关系紧密，有很强的情感因素维系着人际关系，比如亲戚、朋友、同学、同事等。弱关系的特点是个人的社会网络异质性较强，人与人的关系并不紧密，也没有太多的感情维系，也就是我们所谓的泛泛之交。中关系就是介于两者之间的关系。

在此要强调一下中关系。中关系相对强关系来说，可开发的资源较多，而且都有信任的基础，是最可以通过沟通交流培养的目标客户。而且，一旦跨过信任壁垒，开始第一笔交易，他们就会成为你最稳定长久的客户。所以，每个推广人都应积极开发自己的中关系。中关系可以是强关系的裂变，比如亲戚的朋友、朋友的朋友等，也可以是弱关系的转化，比如通过泡论坛、逛博客、发微博、聊 QQ 等，把陌生人转变成朋友。

情感营销

情：腾讯对朋友圈的定义是"连接一切"，意思就是促进朋友与朋友的情感连接。你可以看看大家都在朋友圈做什么？晒工作、晒生活、晒个性、晒兴趣爱好，让远在他乡的朋友也能了解自己的动态，拉近彼此的关系。所以，推广人首先要摆正一个观念，要把朋友圈真正看成朋友圈。凡在圈中，皆是朋友，要沟通、交流、关心、点赞、评论、解答，建立你和朋友的情感连接。

感：朋友圈的交易，信任是基础。想要建立信任，首先要树立别人对你的好印象，用时下流行的词叫"个人品牌"。如何树立？展现自己的正能量，比如积极乐观的生活状态，亲和守信的做事风格，较高的解决问题的能力，还有对他人的影响力，也就是你的人格魅力等。

营：就是经营。朋友之间的情感建立是一个积累的过程，想发个产品图就有人自动下单，在朋友圈是行不通的。

销：就是销售。这是推广最关心的一步，却也是最不重要的一步。因为前面三步做好了，线上推广的效果自然而然就好了，无论品牌传播还是产品用户付费率的转化。推广切忌强推，甚至有时候，我们应该给朋友提供其他产品的选择，但这其中要暗示客户选择你的服务才是最佳选择。

6.场景化营销，移动互联网的下一个风口

在国内 O2O 发展得如火如荼的势头下，商家对于"场景化营销"的需求越发强烈，且现阶段特别是移动互联网时代，场景化营销已经得到了一定的进化。传统的场景化营销是基于互联网网络内容浏览环境进行的；到了移动互联网时代，场景化营销可以独立于内容，根据用户的时间、地点、状态进行信息推送，比如基于某个位置的餐厅信息推送。

移动互联网如何进行场景化营销？

从用户出发，用户在不同场景下关注不同的内容，对不同的兴趣点有差异，营销是基于判断消费者当下环境下的需求，然后给用户推送相应的品牌或者产品信息。这其中需要广告商深入挖掘用户需求和痛点，对于场景下的人群进行贴标签、数据分析和画像，然后进行RTB（Real Time Bidding，实时竞价）或非 RTB 的精准广告投放，完成营销互动，并在投放过程不断实时优化。

那么，到底什么是场景化营销呢？

我们生活在各种场景下，《场景化营销的实质》一文中提到：如果按照品牌理论推导，场景是一场心智影响力。今天的消费行为本身就带有一定的场景暗示，比如你谈一场恋爱，想要给爱人准备特别有新意的礼物，这时正好有人就这个问题向你提出建议，于是，你通过各种信息来源"选择"了某个商品或服务，来作为你表达爱意的方式。无论从情感上还是理智上，你都受控于自我意识里的某个心智的共鸣。

简言之，场景营销就是判断消费者当下情境的需求，然后给用户推送相应的品牌内容。随着移动互联网的发展以及数据和技术的升级，场景化营销有了更高级的玩法，即通过深入挖掘用户需求，品牌主动为消费者提供解决工具，建构全新的使用场景，从无到有，创造全新的营销机会。

光音网络旗下广告家 Pro.cn 分享了一个他们为客户提供的场景化营销案例。

某全国连锁火锅店需要进行节日火锅优惠券的发放，以吸引更多用户到店用餐。那么，他们要如何实施呢？首先，广告家分析了其投放真正的需求：找到喜欢火锅和辛辣食物的人群投放优惠券广告；吸引用户下载优惠券到店进行消费。

分析了火锅店的需求后，广告家利用商用 WiFi 资源为其进行场景化营销。

值得注意的是，场景化的营销并不是简单地定位用户地理位置投放广告内容，广告家 Pro.cn 基于通过人群、场景、时间段多维度来分析用户匹配系数，分析用户的价值。对于匹配系数高的，高竞价、多频次投放广告；匹配系数为中等的，正常出价、正常频次投放广告；

匹配系统低的，不出价或者低价、低频次投放广告。据了解，相关的广告点击率达 1.2%，峰值转化率 1.8%。能有效地提高预算利用效率，在有限的广告预算下，最大化广告的 ROI（投资回报率）值。

在移动时代，场景化营销应该如何进化呢？

互联网时代，场景化营销是基于网民的上网行为始终处在输入场景、搜索场景和浏览场景这三大场景之一。移动互联网时代，场景化营销可以独立于内容，根据用户的时间和地点属性进行操作，比如基于位置的餐厅推送信息，基于时间推送新闻和天气信息等。

我们将场景化营销的进化归为两大阶段进行分析：

第一阶段：用户网络行为

浏览器和搜索引擎广泛服务于资料搜集、信息获取和网络娱乐、网购等大部分网民网络行为。场景化营销主要针对输入、搜索和浏览这三种场景，以充分尊重用户的网络体验为先，围绕网民输入信息、搜索信息、获得信息的行为路径和上网场景，构建了以"兴趣引导+海量曝光+入口营销"为线索的网络营销模式。整体围绕"用户网络行为"为核心触发。

第二阶段：数据挖掘用户需求

当进一步用时间、地点以及用户浏览和使用行为进行综合考虑时，则可以实现对用户场景更加细致准确的识别和判断，使品牌提供的信息和帮助能够更为自然直接地满足用户需求，例如用机票预订的流程，为消费者提供相应目的地周边的酒店和景点预订信息。

"进化"中的三大驱动力如下：

（1）移动互联网的随时随地

移动设备的出现让广告可以真正实现随时随地，用户在哪，广告就投放到哪。而且，手机的特性让广告更具有针对性，更私人，更个性化。

(2) 大数据的应用和分析

新时代，大数据分析和挖掘让广告投放之前对于用户的了解更加具象。可进行智能用户画像，真正找到用户的痛点和需求点，然后推送能够满足用户需求的广告。比如广告家 Pro.cn 有很大的场景数据，这些数据可以有效地应用于 O2O 商家的推广，线上拉用户，线下消费。

(3) 广告定向投放技术

基于数据分析和地理位置，广告可以定投用户，实现和对的人说话。定向技术和数据挖掘是相辅相成的。比如，用广告家 adpro（DSP 产品）进行广告投放，可以收集信息，获得反馈，然后进行实时的优化。

据广告家透露，广告家所有的流量来源都带有场景化，如网吧、校园 WiFi、咖啡厅 WiFi、酒吧 WiFi 等资源、驻地网、热点等，都具有极强的区域性。广告家可以在系统中实现定位到某位置，然后投放广告。广告内容可以投放到范围一公里内的点位，也可以投到隔壁街正在喝咖啡和上网的人。

争夺场景需要覆盖，但更需要巧妙的方法。一个成功的 APP 背后一定有自己的一套构建场景的方法论，但这些方法都会遵循几个核心原则：

(1) 构建场景的过程要自然

360 手机卫士在收到流量不足提醒短信的时候会引导用户去购买流量包，这种流量包购买的场景就构建得非常自然，让用户更容易接受；而其同门师弟"手机助手"每天不停地给用户推送各种关于下载应用的通知，则让人觉得不厌其烦。所以，场景的构建应该顺理成章，在用户觉得合适的条件下来触发，而不是无中生有。文章《微信以外精准消息服务》中提到已经有人在运用短信等一些开放式的消息协助构建场景，这也是一种比较自然的、不会惹用户反感的营销场景构建形式。

(2) 构建场景的细节越具体，对用户的推动力越大

携程曾经和太平洋保险合作在其 APP 上销售航班延误险，但购买者并不多，主要原因在于携程营造的购险场景不够具体，导致对用户的推动力不足。试想一下，你在购买某次航班机票时，APP 若在显示购险按钮的同时给出该航班晚点率高达 75%，用户的购买率会不会提升呢？《习惯的力量》的作者查尔斯·杜希格认为，触机是习惯培养的关键环节，而在触机中更多地体现具体的内容，有助于加强对用户的影响以及习惯的形成。

(3) 构建场景应多利用外部触点

众所周知，一个手机里面有高达 80% 的 APP 是平时不会被用户想起使用的，所以，即使在应用内设计好了非常完善的场景构建体系，但只要用户不主动使用，这些场景就无法对用户产生影响。而在手机使用环境中，存在着非常多可供场景化利用的触点，如位置信息、通知栏消息、短信等。其中，短信是作为场景化触点中内容最丰富却被人们遗忘得最彻底的一个。我们可以运用银行账单短信轻易地构建出一个分期付款的情景；可以利用机票短信构建出一个订目的地酒店的情景；可以运用水电煤账单短信构建一个移动支付的情景，让用户养成用支付宝或微信支付的习惯。翻翻你的短信，你可以轻易地想出非常多的情景，但这些情景都没有被构建，被白白地浪费了，大家却还在为移动互联网的入口争得你死我活。不过，各大手机厂商和超级APP 们已经开始有所动作。联想最新的通讯录产品已经上线情景短信功能，为其提供情景化服务的正是初创型公司小源科技，他们与厂商的合作开发计划已经排到了下半年。由此可见，2015 年在智能手机市场增速放缓的趋势下，厂商们对于这些能提供更好的用户体验，也能

更好地构建自己 O2O 闭环的服务是多么的热衷。

嗜血的鲨鱼总是能嗅到海水中微弱的腥味，矫健的海燕总能及时感觉到暴雨的将至。身在这个瞬息万变的 IT 圈，只有拥有敏锐的洞察力，才能在下一波浪潮来临之时调整自己的姿态，否则，即使是无敌巨舰也有可能被掀翻。仰仗 PV（页面浏览量）的流量时代已经过去，依靠以场景触发（Scene Touch）为基础的场景时代已经来临，如果巨头们依然固步自封，不学会拥抱场景，被后浪拍在沙滩上是理所当然的事情。

第三章

口碑营销，
让你的品牌与消费者互动

1.打造良好的网络口碑

口碑营销是一种"病毒式"销售，这种营销方式不是企业去专门设计然后做宣传活动，而是消费者内部互相传递信息，让别人知道自己对产品或服务的感觉和评价。当然，也有一部分口碑营销的起源并不是消费者，而是企业的营销人员，他们用很巧妙的方式把信息传递到消费者的圈子里，让消费者知道并产生兴趣，之后便进入正常的口碑营销模式。

口碑营销的模式虽然很早就出现了，企业也都知道这样的营销方式，但社交媒体赋予了口碑营销新的模式和作用。在互联网的世界里，企业的营销人员可以用一个假身份混到某个群体里面（当然，假身份要合适），确定目标客户群，接着就是对目标客户进行营销活动。当然，营销人员还可以利用微博来进行营销，也可以收买一些比较有人气的、合适的博主来帮助企业做宣传。但在社交网络时代，每个个体都有自己的关系网，企业伪装的招式在这时已经玩不转了。现在的每个人都身处在不一样的群体里，有自己的社交圈子，这样一来，每个人就可以成为口碑宣传的发起点，效果也会更好，这才是真正的口碑营销。

适时分享经营理念

企业经营理念虽然属于专业性的内容，但它不见得一定要以专业化的方式讲述。为了达到让顾客认同自己的品牌理念的目的，也为了给用户分享一些值得借鉴的经营理念，企业要学会用故事将这种理念自然地表露出来。以沃尔玛为例，有关它的经营理念的故事就广为流传。

山姆·沃尔顿曾教导员工说："服务要超出顾客的期待。如果你能做到这一点，他们就会不断地再来买你的商品。只满足他们的要求？不，还要再做得多一些。顾客投诉怎么办？找借口？不，道歉，让顾客感觉你很感激他们，因为他们的建议使你可以改进自身。"在沃尔玛有两句标语："满足需求。""他们还在那儿，是他们使我们与众不同。"

山姆·沃尔顿的坚持引出了现在沃尔玛服务的三个主要原则。

一是日落原则。山姆·沃尔顿有句名言："如果今天你能够完成工作，为什么要把它拖到明天呢？"于是，他在沃尔玛创造了日落原则。沃尔玛要求员工当天应该做完的事情必须在当天做完，要在日落之前结束当天该干的工作。具体说，对顾客的要求必须在当天予以满足，做到日清日结，不能拖延。顾客生活在一个繁忙的世界里，每个人都在为自己的生计奔忙。作为商家，只有实行日落原则才能最大限度地满足顾客的需求，日落原则就是沃尔玛的经营宗旨。

二是超值服务原则。沃尔玛要求员工向每一位顾客提供比满意更满意的服务。具体说，每一项服务只是让顾客满意还不够，还应当想方设法提供让顾客感到惊喜的服务。山姆·沃尔顿说:"让我们成为顾客的好朋友,微笑迎接光顾本店的所有顾客,向他们提供我们所能给予的服务,不断改进服务,这种服务应当超过顾客原来的期待。沃尔玛应当是最好的,它应当提供比其他商店更多更好的服务。"

三是十步原则。沃尔玛要求员工无论在何时何地,只要顾客出现在自己10步的范围内,都应该热情地看着顾客的眼睛,主动打招呼,询问顾客是否需要帮助。

所以,在任何一个沃尔玛的连锁店,顾客都能发现其强烈的企业文化特色,而卓越的顾客服务就是沃尔玛的最大特色。就像山姆·沃尔顿曾经说的:"顾客能够解雇我们公司的每一个人,他们只需要到其他地方去花钱,就可做到这一点。"在沃尔玛,只有顾客才是老板,顾客永远是对的。"要为顾客提供比满意更满意的服务",沃尔玛真正做到了这一点。

这则故事通过对沃尔玛创始人经营思想的介绍与肯定,间接强化了沃尔玛在消费者心目中"专注服务、尊重顾客"的品牌形象。而读者也乐于阅读和分享这类故事,对他们来说,这不是推广软文,而是经验分享。

类似的故事还有很多,他们从各个角度详细而完整地构建了一个鲜活的品牌形象,是品牌形象与粉丝口碑的重要保障。要想在移动互联网时代始终保持品牌热度,维系粉丝对你的追随,就要趁早开始设计自己的品牌故事。

讲述你的故事

故事是最容易被人接受的内容形式,而且也最容易说服读者。通过微博、微信等社交媒体传播一些关于企业创业过程、品牌价值观等方面的故事,是在移动互联网端口塑造企业品牌形象的重要方法。这类内容多以故事为载体，生动地阐述了一个企业的创业思路与得失，并通过故事里包含的真实案例来讲解品牌的定位与坚持。这种内容对移动互联网用户来说，既有学习的价值，也有消遣的作用，所以十分受欢迎。

以苹果为例，苹果最大的代言人就是其创始人乔布斯。为了打造苹果自身的"科技创新者"与"行业领军人"的形象，他们从乔布斯身上不断挖掘可讲述的故事。下面就是一则流传很广的关于乔布斯创业精神的故事。

1976年，史蒂夫·乔布斯的朋友沃兹尼克设计出了一款微型电脑，乔布斯察觉到了其中的商机，极力劝说沃兹尼克辞职，与他合作开一家新的科技公司，公司的名字就叫"苹果"。1977年4月，苹果推出了世界上第一台真正的个人电脑——AppleII，从此，个人电脑行业创立。当年，苹果的产值一下突破了100万美元。1980年，苹果在美国上市，股价一路飙升，乔布斯和沃兹尼克也因此成为亿万富翁。到1984年，苹果的员工已经有4000名，资产超过了20亿美元。同年，苹果又推出了Macintosh产品，也就是著名的苹果Mac机。

但好景不长，戏剧性的一幕发生了：乔布斯被苹果"踢出了门"，而踢他出门的正是他亲自请来的管理者约翰·斯高利。乔布斯一气之下卖掉了自己持有的苹果股份，重新创业。乔布斯后来回忆说："我当时没有觉察，但事后证明，我被苹果炒是这辈子发生的最棒的事情。因为作为一个成功者的美妙感觉被作为一个创业者的轻松心态代替，这种感觉让我生活得自由，由此也进入了我生命中最有创造力的阶段。"

刚开始，乔布斯创办了一家名为NeXT的电脑公司，主要业务是开发电脑新技术。1986年，他独具慧眼地以1000万美元的价格从美国电影电脑特技之父卢卡斯手中买下了当时很不景气的电脑动画制作工作室，并成立了后来享誉全球的皮克斯公司，转战动画领域。1995年，皮克斯公司制作的3D电脑动画片，也是世界上第一部用电脑制作的动画电影《玩具总动员》面世。这部3D动画片的横空出世不仅在市场上大获成功，而且对传统的动画影片产生了巨大的影响。皮克斯公司当年迅速上市，并一举成为3D电脑动画的先锋和霸主。随后的《海底总动员》《超人总动员》等一系列动画电影的成功，不仅展示了皮克斯无可匹敌的技术力量，更体现出了一种生机勃勃、充满想象力的鲜活动力。

就在皮克斯如日中天的时候，苹果却在新的竞争中江河日下，连换了几任总裁都无法挽回颓势。乔布斯的机会来了。由于对苹果的深厚感情，1996年，乔布斯将NeXT公司卖给了亟待新技术支持的苹果，他因此担任了苹果公司的总裁顾问。1997年，乔布斯再次成为苹果的总裁。重回苹果的乔布斯立刻对苹果进行全面而彻底的整顿。在他的领导下，苹果在短短的10个月时间里开发出了一款极具个性化风格的、塑料外壳包装的iMac电脑，震惊了整个电脑界，并在市场上大获青睐，沉寂已久的苹果终于重放光彩。

2000年，苹果出现季度亏损，股价随之下跌。在这关乎苹果存亡的阶段，乔布斯再度凭借他的天才创造力和独到的商业眼光拯救了苹果：他决定从单一的电脑硬件生产向数字音乐领域多元化转变，并于2001年推出了个人数字影音播放器：iPod。这款iPod成为苹果全面翻身的一支"奇兵"。2004年，全球iPod销量突破45亿美元，到2005年下半年，苹果已经销售出2200万枚iPod数字音乐播放器。

这当然不是结局。2007年，乔布斯带领苹果高调进军智能手机行业，推出了风靡全球的iPhone，迅速击败了诺基亚、三星等手机品牌，在智能手机领域一枝独秀。乔布斯是当之无愧的科技创新弄潮儿，因为在他骨子里存续着永不衰竭的创新力和创业精神。正如在苹果负责

iPod 部门的副总裁托尼·弗德尔说的那样："没有人知道乔布斯的盒子装着什么颜色的巧克力糖。他从来都不在乎输赢,在他的脑子里总是想搞出点新的名堂。"

这则故事生动地讲述了乔布斯永不止步的创业再创业精神,这也是众多"果粉"喜欢苹果、喜欢乔布斯的一个重要原因。类似的故事还有很多,其中不少都是果粉自己根据乔布斯的传记整理出来的。而对于那些没有如此强大粉丝基础的企业来说,就要学会自行撰文讲述自己的企业故事。与简短的微博段子相比,这类故事的流传时间要长得多,因此需要企业精心规划和编纂。

网络口碑步骤

网络口碑是一个能够影响到移动互联网消费者购买决策全过程的重要因素。那么,在打造良好的网络口碑的过程中,企业通常会采取哪些步骤呢?

(1) 进行产品分析和关键词定位

移动互联网口碑的基础是搜索热度,搜索热度的基础是搜索关键词。为了找到最适宜推广的产品关键词,企业最开始需要分析自家产品属性、功能、定位以及特色等,总结出最能引起口碑效应的卖点。在此基础上,结合关键词的当前热度与可传播性,选取最有效的宣传关键词。

比如,在欧洲,Mini 早已成为小巧型汽车的标签。但在中意大排量的美国,这款小小的 Mini 就鲜有人问津了。所以,为了在美国树立品牌,开拓其市场,Mini 将自己的卖点定位在"省油"和"便宜"两方面,刻意不提自己的"小"。这种定位抓住了普通美国人的实惠心理,很快便打开了局面,Mini 在美国的销量甚至超越了英国。

(2) 文案升级,全面优化关键词

有了关键词,下一步就是优化口碑的内容要素,如关键词匹配度、关键词密度,甚至关键词与品牌词的文字位置摆放,软文的篇幅、段落以及叙述结构等,使你的文案内容更加具有可读性,这将进一步为你的产品印象加分。

(3) 选择最佳渠道,进行内容投放

有了宣传内容,下一步就是选择合适的渠道进行投放。移动互联网有三大入口:移动浏览器、移动 APP 应用(二维码也属于此类)和移动搜索。如何抢占这三个入口,并根据自己的产品特点选取最适合的渠道进行深度推广,是企业需要考虑的第三步。

移动搜索竞价是最主要的移动互联网广告投放渠道之一。移动互联网用户的一大主要特征就是会随时随地去搜索自己喜欢的东西。比如,当移动互联网用户想喝咖啡时,他要做的第一步很可能是搜索一下 "最好的咖啡品牌",然后根据结果在手机地图上搜索附近有没有这家咖啡店。因此,有远见的咖啡企业就会在移动搜索端竞价,好让自己的企业信息尽量出现在靠前的位置。

(4) 进行效果追踪,及时优化结果

内容投放后,企业需要及时跟进整个市场反馈,这对消费者的 "评估初步方案" 和 "确认购买方案" 两个购买步骤影响重大。随着大数据时代的来临,企业已经有能力在极短的时间内对自己投放的内容效果进行评估,并及时进行战略调整。

以上四个步骤是大部分企业在进行网络口碑营销时都要经历的过程。需要指出的是,并非消费者做出购买决定后,就一定能做出购买行为,一些未预料的突变形势以及能左右其决策的他人对该产品的态度等,都能够影响其购买行为的实现。购买行为后,产品或服务的售后以及使用体验等因素,都会影响消费者下一次的购买决策;如出现负面情况,甚至还会导致退换货或投诉等不良后果。这些也是网络口碑的重要组成部分。

2.营销与广告：重品牌，重参与

传统的宣传模式和思维已经过时，现在的传统广告，不但内部很多人才都出走了，就连自己引以为傲的理论和模式都在遭受着越来越沉重的打击，还有的已经开始走向"坟墓"。

在各个地方使用各种手段打广告，是以前最有效也最彻底解决企业问题的方式，不过，由于技术的不断改进，越来越多的企业不愿意再多花钱，而是有针对性地投放广告。验证经营模式好坏的最好工具就是市场，企业家们的做法和效果已经证明：有针对性地投放广告的效果是非常好的，互联网公司提供的有针对性的广告性价比很高，效果很好，而且可以通过数据很直观地看见。

百度推广就是一个为大家所熟知的案例。百度推广对目标群体的特征或企业的产品、服务的特征进行分析，然后有针对性地把最有效、最有杀伤力的内容做成广告，放在市场上，以获取最好的宣传效果。

让客户真正参与进来

现在是互联网的时代，宣传模式和营销方式自然也要符合互联网的特征——更注重客户的参与。

几年前，黑人公司设计出了一款新的牙膏，公司对这款牙膏寄予厚望，怎么宣传才能够达到最好的效果自然就成了需要着重考虑的问题。再三权衡之后，公司决定用互联网进行推广。当时用互联网推广的企业还很少，黑人找到了腾讯，委托腾讯为其产品进行推广。

腾讯先对产品进行了深入研究，然后对行业的销售数据进行了收集和分析，这两项工作都做完之后，腾讯确定了目标受众——年龄在

18 至 24 岁、比较追求新鲜感的年轻人。这些人对网络很有兴趣，而且很喜欢使用网络。腾讯认为，在推广的过程中应该摒弃传统宣传中只注重产品性能宣传的做法，加入更多新鲜有趣的元素，这样才能得到更好的宣传效果。

这次的推广活动，主题是年轻人追求新鲜的立体生活，给自己一种全新的感受。客户可以把自己的照片挂到网站上，这张照片会被做成 2D 图片，如果不想让自己的照片和其他人一样，体现出自己与众不同的个性，就必须到活动房间里面寻找道具，就像游戏一样，而提示道具的所在就在黑人的广告里面。客户想把自己的照片变成立体的，想找到道具，就只能一遍遍看广告。这样，在潜移默化中，客户就知道了新产品的特性，也了解到了品牌的信息。

在 2011 年的春节前，腾讯又为著名的立顿奶茶做了一次针对性的广告推广。腾讯看到，现在的互联网用户更喜欢定制化的东西，体现出自己的与众不同。当时的时间节点正好是春节，因此，腾讯决定开展以立顿的品牌形象为基础的过年送祝福的活动。这个活动在开始的时候就很吸引人，因为腾讯有效地针对了用户想要与众不同的心理，展现在用户面前的是写着不同祝福语的立顿奶茶，点进去之后就还可以有不同的头像进行选择，而在不同的头像下面还有不同的祝福视频可供挑选，目的就是让用户自己做出一部与众不同的动态拜年视频，让过节的气氛更加浓烈。由于活动的效果远远超出想象，活动推出后就被点击了上亿次，转载了数千万次，网站承受不了以致崩溃。这样的一个活动推出后，立顿奶茶用绩效的成本取得了极大的效果，造成了非常大的影响。而腾讯只是用了创新的技术——让客户自己制作属于自己的视频，而且可以看到效果，就让宣传的效果出乎意料。

与这样的情形相对的是传统的广告行业。从事传统广告行业的人认为广告既是一种艺术，也是一种美学，为了让广告既艺术也很美，往往会花费巨大，一条广告有可能就是几十万元甚至过百万元的花销。而且，广告的设计者花了那么长时间才想出的创意，怎么可能让企业拒绝，如果企业说不，有可能广告人就会急眼。还有就是，广告公司一直认为，广告想要取得最好的宣传效果，时间在半分钟左右为佳，但实际上，电视广告的宣传效果只能算一般，而它的花费却是最多的。而且，企业花得越多，广告公司就有越多的钱可赚。

与此相比，有庞大数据库支撑的互联网公司显然更实惠，那超高的性价比能让客户不用比较就做出选择。

依赖于庞大的数据库、精细的数据处理以及有针对性的推广活动，相同的广告视频，互联网公司制作的成本可能只是传统广告公司的10%甚至5%，但做出来的效果和相应的服务却不在一个层次上。

北京有一家刚刚成立的广告公司，这家公司既没有豪华气派的办公场所，吃饭也是随便解决，更不会只为了拍一段视频就用去好几个星期，以前需要花几百万元制作的视频，这家公司只需要几万元，而且能够提供各种场景、各种样式的视频，根据数据库的统计数据来对视频进行模拟宣传，然后对宣传的效果进行跟踪、分析，之后再大规模投放。

数据库是互联网企业的一个特色，也正是由于依据数据库可以进行针对性的推广，因此，传统的广告公司的经营模式就没了实际意义。

面对残酷的现实，如果传统的广告公司还是一意孤行，那只能是自食恶果。但也得从创新的角度来思考，不能总是捡别人剩下的，只有打破常规，才能出奇效。

互联网时代，广告要怎样做

随着互联网的不断成熟和发展，广告产业也逐渐开始发生变化。现在的主流是大数据，新的互联网广告公司可以通过数据库更全面地了解客户的需求和兴趣，然后有针对地设计广告，让人们更有兴趣，也可以达到更好的宣传效果。

有一个大家都知道的常识，就是广告最有价值的地方就是创意，这也是广告得以发挥作用的源泉。如果可以把先进的手段进行融合，让人们看到自己心里想看的，这样的广告肯定会取得良好的效果。

在现在的路上，随便抬起头一看，就可以看到很多广告牌，虽然这些广告牌五颜六色，各不相同，但内容都是在宣传自己的产品。不光是广告牌，杂志、报纸还有其他媒介上，都有这样的广告，也都是在宣传自己的产品，目的就是为了让人们知道产品的功能，有的甚至夸大其词。如果一直这么做宣传，人们不仅不会感兴趣，还会觉得厌烦，宣传的效果自然会越来越差；而且，如果宣传真的名不副实，还会对企业产生负面影响。

既然这样的路已经走不下去了，那为什么不换一种思维方式呢？用一种更新颖的视角来表现产品的特点，把人们从以往的视觉疲劳中拉出来，这样可以给人耳目一新的感觉。

广告的设计往往会有个人意志的存在，但这种主观意志必须被大众接受才可以，否则，一个不被人认同的广告是不会有宣传效果的。当人们的思维被广告中的个人意志引向一个既定的主题时，人们就会仔细地看广告，从而按照设计者的意志去思考，如此一来，他们自然就会牢牢记住广告的内容。

现在回过头来看看那些曾经家喻户晓的广告，大部分都言简意赅，而不像现在的一些广告，几乎把所有能用到的元素都加进去了。这样做的初衷是想满足不同人的口味，但效果却往往背道而驰。简约却有很强的针对性，秉承这样的原则，才能设计出成功的广告作品。

提到金龙鱼，相信大家都不陌生，但在金龙鱼刚刚踏进内地市场的时候，投放的好几个广告都效果平平，人们不知道这个牌子的特点到底是什么，自然就不会有认同感。一直到最为人熟知的 1:1:1 的出现，才让这个品牌被人们记住，也让这个品牌的公众认同感陡然而生。

其实道理很简单，现在的人越来越注重自己的身体健康，吃饭这一维持身体健康非常重要的一环自然也是备受重视。广告的内容就抓住了人们这样的心理，满足了人们对于健康的需求，而且，广告并没有直接说这款油对健康有好处，只是很朦胧地说了一句 1:1:1 是均衡营养配比。

传统的广告公司如果想和互联网平台中投放的广告一争高下，就必须改进广告本身的质量和效果，做出真正能让人们记住的广告。

一般情况下，广告分成商业广告和公益广告两种，但由于广告业本身的发展，这两类广告之间的界定标准越来越淡化，现在已经有不少广告策划人试图用公益广告的手法来表现某个商业品牌的内涵，比如某个牛奶的广告，通过关心山区孩子的状况，表现出品牌想让所有孩子都喝上牛奶，过上好生活的理想。

想让自己做出的广告更吸引人，不是只有上面这一个办法，还可以探视到人们的内心深处，把那些埋藏于内心深处的渐渐被遗忘的情感挖掘出来。很多很感人的广告就这样诞生的。

某个调味剂品牌设计过一个广告，广告内容是：一个年约六旬的老妈妈，不会英语，但历经艰辛去了国外。

为什么呢？原来是因为她的女儿嫁到了那边，现在有了身孕，很想吃家乡菜，那位老妈妈就带着家乡的各种调味料（其中有一种调料煲汤特别好，尤其是给孕妇吃）上了路。

老妈妈在路上饿了就吃些自带的干粮，累了就睡了候车室里，在坐了各种交通工具之后,终于来到了最后一站,飞机场。但是在通过安检的时候,工作人员要检查这些调料,就问这位老妈妈,但她不会英语,急得不行,眼泪大颗大颗地往下掉,差点给工作人员下跪。她不想耽误一分钟,更想让女儿品尝到家乡的味道。最后在很多好心人的帮助下,这位老妈妈顺利登机,看到这儿,很多人都会很感动,这就是父母对儿女的爱。

这样的广告触碰到了人们的内心深处,人们自然会记得牢固。

还有个很重要的问题,那就是在设计广告之前,先得明白广告的受众群体是谁。这也是做广告很重要的一个步骤,因为不同的受众需要不同的广告形式,运动饮料的广告要突出动感的节奏,但按摩椅这样的产品就需要一个很闲适的环境。知道了广告的受众群体,才可以确定广告的内容、主题、元素等这些广告的基本组成,而且,这样有针对性的广告受到人们关注的可能性会比较高,效果自然也会很好。

除了上面所说的应该注意的点之外,广告的灵感来源也是很重要的。传统的广告都是请专业人士来进行创作,寻找灵感,但很多非专业人士也能想出很好的创意,下面的案例就足以说明。

中央电视台早些时候播过主题为"有爱就有责任"的广告。这个广告创意就是一个非专业人士想出来的,用动画的手法来表现父母、孩子以及家庭的关系。

在这个广告里,家的英文说法 Family 被形象地描绘出来:在孩子年幼的时候,父亲是家里的支柱,母亲负责照顾孩子;年轻的时候,对母亲的唠叨感觉很烦,想要离开家,出去闯荡,而真的出去之后,才开始明白父母的艰辛,但父母的年纪已经越来越大,需要自己来照顾他们。

在广告的末尾，Family 变成了家，下面写着"有爱就有责任"，这样的画面让无数人为之动容。

随着互联网广告的不断发展，传统的广告人也耐不住寂寞了，但是，做出优秀的作品才是王道，只有广告的质量得到保证，才有继续做下去的资本。

3.免费的才是最贵的

"免费的才是最贵的"，作为传统营销法则中最易被人忽略的一条，在移动互联网时代却得到了越来越多企业的重视。当然，免费策略并非天真的永远免费，也不是简单的"先免费，后收费"，而是在移动互联网时代，企业需要重新思考产品的定位与作用，不应再单纯地把它当作商品来销售。换个思路，将它作为一件营销工具，它就能为你带来更大的收益。

熟悉巨人集团的游戏玩家都知道，巨人网络的游戏总是将免费放在最显眼的位置。巨人集团的游戏不仅免费，还会给玩家"发工资"，这种做法让传统游戏人觉得不可思议，但最后巨人集团的收益却十分惊人。这种模式后来也成为了中国网游业的营销准则。

在移动互联网时代，免费才是最好的营销方式，甚至有人指出：互联网经济就应该是免费的经济。这是因为通过互联网将产品传递到用户手上的成本接近于零，因此，一项产品的移动互联网用户基数越大，它分摊到每个用户身上的成本就越低。你用 100 万开发一款产品，免费让 1000 万移动互联网用户使用，也就是平均每人的营销成本只有 1 毛钱，性价比很高，而且能形成口碑，增强推广效果。因此，产品使用免费，通过设计增值服务向其中一部分用户收费，或者通过免费体验线上产品的方式将用户导入到线下实体店等，才是移动互联网营销的合理赢利模式。

产品免费，积累人气，通过其他方式赢利的例子不胜枚举：360 提供免费杀毒服务后，其收益已经超过之前杀毒行业总和数倍；淘宝用免费开店加上草根网站推广的模式秒杀了 eBay 的付费开店加门户网站排他广告模式。这些案例都证明了免费营销的价值。

当然，免费并不仅仅是字面上的意思。有些产品，如手机等，不可能免费赠送，但依然要以免费营销来进行战略思考。

小米的雷军就深谙此道。

雷军一直坚信：在互联网时代，唯一不会被打败的生意就是有胆量做不赚钱的生意。于是，他从一开始就不指望小米能在三五年之内赢利。

2010 年 1 月，雷军找到启明创投的童世豪，说明了融资需求。雷军说："有一点我需要提前说明，小米科技在 3~5 年内是不准备赢利的，如果启明想要收到短期利益的话，最好慎重投资，也可以选择不投。"这句话，雷军对所有投资人都说过，这种想法与他用互联网的方式做手机的思想紧密相关。从接触互联网以来，将近 10 年的时间，雷军一直都在研究这个领域的规律。渐渐地，他发现在互联网上成功的企业几乎无一例外刚开始的时候都是不赚钱的，它们的大部分服务都是免费的。

其实，对于互联网的免费法则，雷军早在创办卓越网时就已经运用娴熟。卓越网当时的竞争对手是当当网，雷军用打折的手段和当当网竞争。他渐渐地发现，电子商务的核心就是比谁拥有的消费用户多，只要用户存在，以后总会持续消费。

小米手机作为互联网模式开发和销售的首个互联网手机品牌，其商业模式也是互联网化的。比如，传统手机厂商依靠卖硬件挣钱几乎是雷打不动的规律，即便是在互联网体验上做到极致的苹果手机，来自硬件的盈利也非常可观。

雷军深知，在互联网领域，免费经济学早已深入人心。其核心理念就是让用户免费使用产品，从而形成口口相传的力量，不断扩大用户基础，更多的用户体验反馈又反过来帮助这个产品更好地改进，良性循环就此形成。腾讯的 QQ 和微信，以及 360 安全卫士，都是通过这一模式成为互联网行业赢家的。

有人质疑小米的赢利模式："小米手机不靠硬件赚钱，究竟怎么赢利呢？"

"10 年前腾讯怎么赚钱，今天我们就怎么赚钱！"雷军说。

腾讯 QQ 的软件客户端在 Windows 上的使用是免费的，但腾讯成了中国最赚钱的互联网公司。因为 QQ 是所有人都要使用的软件，是所有人每天必经的入口，如果 QQ 能保持成为用户的入口，只要发现赚钱的机会，腾讯就可以加入。

360 也是如此，免费做安全杀毒，免费提供浏览器，免费管理软件，可当它成为绝大多数人的桌面时，所有软件只有通过它才能到用户手上，如此，它就可以收游戏联合运营的钱，收团购的分成费。如今，它已成功上市。

同样地，雷军认为手机是目前人们唯一不可或缺的随身携带的电子设备，未来所有的信息服务和电子商务服务都要通过这个设备传递到用户手上，谁能成为这一入口的统治者，谁就是新一代的王者。3~5 年不准备赢利，雷军其实是想要占据一个入口，像腾讯和 360 那样，只要用户足够多,以后通过终端销售内容和服务就可以赢利。

经过一系列探讨,雷军最后确定了小米手机的策略:在不赚钱的模式上发展手机品牌,软硬件一体化,定位中档机市场——1999 元,价格不高不低,基本配置往高端机看齐,甚至领先。这种颠覆性的营销模式很快取得了成效——小米手机刚卖一个星期之后,就处在中国市场手机品牌第九位,在所有国产手机里排第一位,而它的百度指数是 36 万,热度达到了 iPhone4S 热度的 2/3。

高性价比使小米在半年内卖出了 180 万部,反而实现了微利。后来,小米又和联通、电信合作,用户预付一定的话费就可以免费拿到小米手机,开发了另外一种免费模式。

就在小米手机发售不久,有很多家维修企业托关系来找雷军,申请小米维修。雷军这才知道,原来售后服务也是很赚钱的生意,但他委婉地回绝了这些企业。"互联网创业,免费才是王道。维修如果赚一分钱,就是我们的错误,要抱着这样的决心。今年我们的最大动作是售后服务总动员,一定要把售后解决好。"

这一系列免费策略使得小米手机的人气不断飙升,雷军自豪地解释小米首发时在 30 个小时内 30 万部销售量产生的过程:"前 10 万部只用了半个小时。之后,我们提醒客户,两个月之后才能发货,还需要吗?之后的 10 个小时又有 10 万订货,然后我们说,12 月份才能给你,还要吗?后面的 10 个小时,又有 10 万订货。我相信如果把这些限制都去掉,30 个小时 300 万部都没有问题。所以说,赢家就在于看谁有能力一上来就说:我只要 10%的利润。我要做一个比较厚道的人。东西又好又便宜,这是人类发展的规律。"

4.简约并极致，做用户喜欢的品牌

互联网正在不断蚕食传统的市场，并改变着传统的商业模式。消费者在市场中的地位越来越高，越来越多的人喜欢更简单的东西，比如便利的互联网交流平台，更直接的电商平台，更简单的产品说明，等等。

通过观察消费者的购买行为，可以发现这样的情况：可供消费者选择的产品非常多，但消费者没有足够的时间和耐心来一一进行挑选，而在网购的时候，一旦耐心不足，消费者就会来回切换店铺，几乎没有什么转移成本，这就要求企业要在很短的时间内抓住消费者。

这就是简约的文化，简约也是互联网思维的一个特征。其实通俗地讲，简约就是能省则省，能不需要就不添加。这也反映了企业在产品上能做出的高度，简约有三点要做到：表面上构造简单，使用方便，描述起来几句话就就能搞定。

这三点看起来容易，做起来却不容易。

看起来构造简单，看一眼就知道怎么做的，但在简单的后面就是不简单。要把产品尽量简化需要做大量的工作，计算要细致，用工用料都要设计，只不过这些都是企业内力的比拼，消费者看到的就是成品。

使用便捷，就是指产品容易操作，所谓的傻瓜机就是这样的例子。

描述起来就几句话，这说的是，当企业要宣传自己的产品或服务的时候，不需要说很多，简短的几句话就可以把产品或服务介绍得很详细、很明白。

支付宝刚推出的时候，页面有四个部分：上面的导航，左边的目录，右边的功能键，中间的内容。这样的布局遵守的是互联网的网页标配，当然也做了一些改进——能够更换背景。这样的布局维持了很长的时间。

但效果如何呢？数据来说明。支付宝后台的数据显示，网页中大部分的内容客户都没有点击过，而且还有客户抱怨，说在页面中都没有找到想要的东西。这些现象都是值得支付宝思考的。

终于，在2013年的时候，支付宝在不断改版的变化中加入了简约的原则，直接把页面简化为两大部分，一部分为账户现状，另一部分为资产动态，这些动作不仅仅是简约的变化，还有对用户需求的精准把握。

支付宝的改进让支付宝看起来越来越像一个银行账户，反映的就是客户有多少钱，这也是客户最关注的。支付宝在网页最显眼的位置显示出客户的余额，其他的数据就集中放在一边。如果客户有意愿，也可以看到自己账户明细，账户明细的显示也很简单，就是让客户知道挣了多少、花了多少、欠了多少、省了多少，很清晰，很明白。

现在是互联网的时代，人们已经开始依靠网络来解决问题，如果企业还是按照以前的思想和客户讲这个那个，是没有客户愿意听的。客户没时间，更没耐心，所以企业必须简化，把客户想要的展示出来就可以了，其他的放在背后。

做用户喜欢的品牌

创立一个品牌，基础就是市场定位，就算是最牛的企业，也不可能把所有的客户都揽到自己的怀里。对企业来说，利用自己的优势挣自己的钱，才是最根本的。

有一本书叫《新定位》，书中给出了五种消费者的思考方式。

模式一：消费者所能够处理的信息量有限，如果信息量超出所能

接受的范围，消费者就会依据个人的经验、好恶甚至心情对信息进行
筛选。因此，如果产品或品牌能让消费者感兴趣，就更有可能让消费
者记住。

模式二：消费者不喜欢麻烦，喜欢简单。尤其是现在的信息大爆
炸时代，消费者更需要简明的信息。现在的广告宣传，不需要说很多，
只要可以打动消费者，那就是成功的。

模式三：消费者普遍容易跟风，因为不想被别人说或者觉得买亏
了，因此很多时候会拉着别人一起买，而且会研究很多。如果企业宣
传得好，产品的感受也不错，那就很容易在消费者中形成口碑。

模式四：消费者比较恋旧，信任已有的品牌，虽然新出的品牌也
有吸引力，但停留在客户记忆中的还是老品牌。

模式五：如果一个品牌的产品多元化，涉及的行业很多，就容易
使消费者失去对品牌核心内容的认知，从而不了解品牌。

反正，互联网企业必须要把这些规则掌控好，因为用户能够处理
的信息量有限，产品宣传越简洁越有效，而且，如果宣传的效果好，
这种好的效果可以持续很长时间。无论哪个企业都不可能掌握所有的
客户资源，因此，企业必须要找到适合自己的客户群，然后向这些目
标群提供好的产品或服务。

只有确定了目标群体，企业的产品或服务才能有针对性，才能做
到与众不同，拉拢到稳定的客户群。还有，一旦客户群形成，就会围
绕着品牌或产品或服务形成一个圈子、一种文化，从而吸引更多的人
进入这个圈子。因此，如果企业不能找到合适的目标群，抢占市场，
那就注定会死亡。

追求完美，追求极致

追求完美是产品经理必须要有的一种精神，有了这种精神，就可
以在设计产品的时候完全投入，不会在遇到困难的时候退缩，让自己

能够在让产品完美的路上一直走，不断地追求产品的极限。

这样的精神可以叫作匠人精神，其实质就是很强的专注力和追求完美的精神。在现代，由于环境变化迅速，匠人精神变得越来越珍贵，具有这种精神的人的典型就是乔布斯，正是由于他的专注和坚持，才创造出了苹果的辉煌。在互联网的时代，产品经理们应该重新拾起这种精神，创造最经典的产品。

在20世纪初，瑞士的钟表行业已经是全球领先的了，但在中期的时候，日本对瑞士的钟表业产生了巨大威胁。首先，日本表价格低，质量也很好，而瑞士的表虽然质量上乘，但很贵，因为瑞士工人的工资很高；其次就是电子表开始在全球流行，对传统的机械表产生了冲击。当时有一种做法，就是外包，把工厂设立在日本，利用日本便宜的人工来进行加工，但品牌和技术还是瑞士的。但瑞士的钟表业并没有采用这一做法，因为瑞士国内的表匠都是有着丰富经验的技师，会把表做得更精密，质量做到最好，内部的零件也是一样，这些都是日本的工人无法做到的。为了抵住市场的竞争压力，瑞士表在原来的基础上利用技术改进零部件，靠减少用的部件数量来减少成本。如此精益求精、追求极致的精神，让瑞士的钟表直到如今依旧处于世界领先的地位。这也是对匠人精神最好的体现。

匠人精神还要求制作者或设计者对产品充满热情。对于产品的制作者或设计者来讲，产品绝不单纯只是一样东西，这就要求制作者或设计者要对产品充满兴趣，不断探索和学习，保持着充足的动力。这样耗尽心血做出来或设计出来的作品，消费者没有理由不喜欢。

追求极致，就是要把产品和服务做到完美，给用户带来惊喜。就算是做好了，但用户已经想到了，这也算不上完美。

5.让营销过程充满互动的乐趣

在单向度广告的"推销"逻辑下，生产者往往自说自话，而消费者则是被动地接受信息。然而，在这种刻板的营销模式下，企业无法得知消费者的真正需求，消费者也没有表达自己意见的兴趣，久而久之，双方的隔阂就会越来越大。移动互联网时代的到来彻底改变了这种局面，互动营销以其快速、灵活、即时沟通等诸多优势迅速取代传统营销单向度、压迫式的广告传播。而且，随着大数据时代的到来，真实、精确、强大的数据库分析、挖掘技术将带来真正意义上的精准沟通。由此可见，移动互联网互动营销迎来了一个黄金发展机会。

品客薯片曾针对酷爱音乐、有愿望组建乐队的学生群体做过一次APP互动营销。它借助iPhone和iPad自带的三轴陀螺仪，在其APP里把左右摇晃、前后摇晃等特殊动作与不同的音效相匹配，这样，用户就能通过这些动作演奏出电吉他音效、木吉他音效和摇滚鼓音效等。那些没钱买乐器或是临时起意要合作一曲的学生，只要在自己的移动设备上下载这款APP，就会从该APP里自动分配到一种乐器，选到"星星"的人负责在设备上连上扩音器，扮成主唱的角色，其他人也各有分工。这样，一个虚拟的品客乐队就诞生了！

这款APP高度符合品客的目标用户：有活力的年轻人。随着移动智能终端内置功能的不断增多，移动互联网营销的创意和互动空间也会不断扩展开来，用户将享受到更加有趣的互动体验。

移动互联网营销最重要的原则之一就是让营销过程充满互动和乐

趣，用移动设备来延伸用户的感官，让手机的种种功能，如摇一摇、扫一扫等服务于你的营销，并激发用户参与到你的营销活动中来，最终完成你的营销目的。著名营销创意人陈格雷先生曾提醒道："未来的品牌应该是半成品，另一半应由消费者体验、参与来确定。"的确，现在越来越多的企业已经意识到：为了塑造品牌，扩大影响力，不能再像传统营销模式那样向消费者单向度硬性灌输品牌理念了。企业应该主动邀请移动互联网用户参与到实时互动的对话中，在这种态度改变的基础上，再试图以巧妙的方法来"掌控"这种互动交流，将客户往你希望的方向去引导，最终培养处用户对你品牌的持续关注与信赖。

互动策略结合社交媒体

当然，如果这种创意互动能和社交媒体相结合，那营销效果必将加倍。因为这相当于为那些拥有相同兴趣的人提供了一个长期交流互动的平台，这样企业能做的就不仅仅是圆满完成一次营销活动，这种营销将很可能有持续的效果。这种搭建互动平台的做法，要比企业试图与用户进行小范围互动更加具有战略意义。

世界知名饮料巨头可口可乐和WWF（世界自然基金会）的一个公益项目就利用了社交媒体做互动营销。他们利用Facebook这个全球最大的社交媒体来做保护北极熊的宣传活动。

首先，为了吸引年轻人关注该公益项目，可口可乐推出了一款有趣的APP，它让Facebook好友可以互丢雪球。同时，为了吸引Facebook用户玩这个游戏，可口可乐还和7-11一起推出了带有二维码的杯子，消费者拍摄杯子上的二维码就可链接到Facebook的相关游戏界面。为了进一步激发用户的兴趣，可口可乐还为APP游戏比赛的获胜者提供了"北极携伴双人游"门票。这种以游戏为载体、以社交媒体为平台来传播公益项目的方式，既有趣又新颖，很快就受到了大批年轻人的喜爱。

当然，如果你的企业偏传统，并不具备相应的移动互联网互动营销经验，更不具备独立开发 APP 或者其他互动工具的能力，那你也可以把大部分工作外包给专业的营销团队。随着移动互联网的迅猛发展，这类营销公司层出不穷。

小城市营销不需要互动？

可能还有一些固执的中小企业认为自己处于二三线，甚至三四线小城市，民众对互动营销的期待并没有达到能让他们改变传统营销策略的地步。其实，这种观点是一叶障目，不见泰山。

从近年来对三四线城市，甚至是更下沉区域的移动互联网用户的分析发现，正是由于他们的生活节奏慢，自由时间多，配套娱乐设施又偏少，他们对移动互联网的娱乐需求才会不断增加。PC 的高成本与不可移动性使得他们更愿意选择智能手机等移动终端来进行娱乐活动。因此，通过移动互联网开展互动营销几乎是每个企业的必然选择。

在印度很多小城市，大家虽然觉得肯德基好吃，但觉得这个外来品牌十分昂贵，所以不敢去店里消费。为了解决这个问题，肯德基决定通过互动向民众展示自己的亲民价格。为此，肯德基开发了一款手机 APP，用户下载该 APP 之后，可以扫描一下印度的货币卢比，不管你扫描多大面额的卢比，该应用都会显示该面额的卢比可以在肯德基买到哪些食物。通过这种直观而有趣的方式，民众很快便了解到原来肯德基并不贵，自己能够消费得起。同时，该 APP 还设置了链接，用户可以直接点击进入肯德基官网下单。

对于那些已经开始摸索移动互联网互动营销的企业来说，他们要思考的则是：不论自己做还是外包给别人，自己的成本应该如何控制，投入与获益之间应该设置多长时间的观察缓冲期，为了精准、互动营销可以付出的最大代价是什么。总而言之，虽然移动互联网互动营销是大势所趋，但每个企业依然要谨慎考虑每个选择的最终价值。而要想得到正确的评估结果，就需要在初步进行互动营销尝试的同时，及时搜集互动沟通的反馈数据，在每一步互动中设置可以检测反馈信息的环节，并对这些反馈进行及时整理、分析。这些数据是企业判断不同互动营销策略性价比的基础。

总之，从单向度向顾客推销产品到利用互联网话题牢牢抓住网民眼球，再到移动互联网时代把选择的权力交还给用户，互动营销终将成为新时代营销的基础策略之一。

创意互动：多渠道协同引爆人气

过去几年中，互动营销这一移动互联网的基础策略从最初带给用户震撼体验，到现在已经能深入挖掘用户的所有潜能。互动营销将那些传统媒体眼里的"沉默的大多数"纷纷挖掘了出来，并让他们愉快地参与到与企业的种种互动当中，让企业看清了他们的真实面貌。这既有助于企业了解、讨好、笼络客户，也有助于客户打破传统的"被动营销"局面，主动向企业表达自己的意见。

互动营销的主要形式当然是各种互动活动，而活动开展的渠道各有不同。微信、微博或者论坛等，都有自己的渠道特点，因此，在不同渠道开展互动营销也要各有侧重。

第 四 章

微博营销，
企业的蝴蝶效应

1.微博营销是一把双刃剑

蝴蝶效应，原指一只南美洲亚马逊河流域热带雨林中的蝴蝶，偶尔煽动几下翅膀，可能在两周后引起美国德克萨斯的一场龙卷风，主要形容在一个系统中，初始条件微小的变化能够引起整个系统的连锁反应。

在微博营销中，"蝴蝶效应"用来说明只有寥寥数语的微博，只要正确引导并加以利用，将会产生巨大的经济和社会效益；反之，若不加以及时的引导控制，则会给企业和品牌带来灾难。

在互联网发展如此迅速的时代，微博逐渐渗透到生活的各个领域，从明星到草根，从跨国公司到民营企业，从 CEO 到普通员工，从年轻白领到大学生，许多人都加入到了微博的"粉丝"队伍当中。如何利用发挥微博的用户数量优势，利用其"蝴蝶效应"实现企业品牌价值的增值，同时避免其"负效应"，是企业在微时代最为关心的问题。

微博的价值在于简练，在于面向最广大的消费者，不多于 140 字的语言，任何粉丝都可以发表意见，实现信息的无障碍双向沟通，这是企业进行微博营销的基础所在。一般来说，微博的营销模式主要有以下几种：品牌推广、植入式广告、客户服务及企业或产品的活动营销等。通过这几种营销模式，微博将会产生巨大的营销价值。

(1) 推广价值

微博的推广价值由"强链接"效应、几何级数效应及学习效应三者共同作用形成，这也是微博与其他媒介的与众不同之处。

首先，微博是一个具有"强链接"效应的新兴媒介，因此，企业可以借助微博用户的关系网进行迅速传播。对于"强链接"效应传播的信息，微博用户信任度较高，也很容易接受，这意味着品牌信息传播的效率更高。企业品牌利用"强链接"效应来推广产品或品牌信息，往往可以产生意想不到的效果。

其次，微博传播具有几何级数效应。比如你有 100 个粉丝，每个粉丝再有 100 个粉丝，即使只有 10% 的用户参与传播，经过一层层几何传播之后，也会有 10000 人接触到传播的信息。几何级数传播能让传播效果得到优化。

再次，消费者对名人的"学习效应"也是体现微博价值的主要一环。据 DCCI（互联网数据中心）调查显示，约有 48.6% 的用户会将名人列为自己的关注对象，可见名人效应对微博用户的影响是多么巨大。一般来说，名人对其粉丝有巨大的影响力，名人的观点、行动都会在不经意间引发粉丝的模仿和追捧。这时，利用名人对企业产品或品牌进行推广，往往会产生不错的效果，这是在企业推广过程中一个屡试不爽的做法。

正是在以上三个效应的共同作用下，微博显示了其无与伦比的推广价值。

(2) 沟通价值

一直以来，受到种种条件的限制，企业在与消费者的直接沟通方面步履维艰，很多企业花费大量的时间、金钱建立了消费者的沟通反馈机制，却无法发挥应有的作用，导致企业无法了解消费者的需求。尤其是在互联网发展如此迅速的今天，实现与消费者的顺畅沟通已成为企业能否满足消费者需求、让顾客满意的关键。微博的出现给实现企业与消费者的直接沟通带来了一丝曙光。

微博作为一种新兴的网络媒介，开放性强，沟通效率高，能够实现双方的互动，为消费者和企业搭建了直接交流的平台。企业可以在微博上建立自己的官网微博，将消费者聚集到其粉丝群体中，为消费者提供一种发表信息的渠道，及时倾听消费者的声音，接受消费者的建议。另一方面，企业也要主动与消费者进行互动，就品牌或产品信息进行发布，主动向消费者传达品牌理念、产品信息等。微博作为一个"1ToN"的交流平台，使企业与消费者的沟通更加便利，产生了巨大的沟通价值。

(3) 公关价值

在互联网如此发达的时代，信息呈爆炸式增长，网络媒介已成为企业发布信息的重要渠道。但不可否认的是，互联网上的信息传播已超出了企业的掌控能力，很多企业都遭到了负面信息的袭扰。虚假信息混杂在网络上，社会大众往往无法鉴别，危害性的信息一旦失控，可能会对企业品牌带来巨大损害。

2010 年 8 月，网络上出现了圣元奶粉致婴儿"性早熟"的信息，各种信息在微博上病毒式地传播，短短几天，负面信息就变成了洪水猛兽，对圣元的品牌形象造成了严重损害，虽然事后圣元被证明清白，但损失已不可挽回。

与其他网络媒介相比,微博的传播速度更快,这为企业的公共关系提供了一个信息发布的平台,借助企业的官方微博及时向公众发布最新信息,可以及时控制事态发展。因此,微博具有巨大的公关价值。

水可载舟,亦可覆舟,对企业来说,微博营销是一把双刃剑,它存在许多不可控的因素,一旦把握不好便会伤到自己,给企业带来损失。

42条微博,一个"笔误门",2天内,周鸿祎就让金山软件在港股暴跌13.88%,一天内市值缩水6亿港元,被誉为"中国微博营销第一案"的360炮轰金山软件的事件,以金山的完败而告终。

在这场微博大战中,金山无疑是最大的失败者。在整个事件中,金山一直被对手牵着鼻子走。当周鸿祎连发数十条微博时,金山仅仅以只言片语来应对,很快,其苍白无力的辩解就淹没在了微博粉丝的"口水"当中。另外,在对手抛出"造假门"、"漏洞门"时,金山也没有坦诚相对,反而以"笔误"等词语来敷衍广大消费者,最终导致金山被公众唾弃和背离。

42条微博,6亿港元,以及无法挽回的名誉损失,金山以如此惨重的代价给中国广大企业上了生动一课:在面对微博这一媒介时,要注意"蝴蝶效应"引起的"风暴",否则,企业会遭受巨大损失。

那么,企业在利用微博进行营销活动时,如何才能规避风险,发挥其积极作用呢?

第一,互动交流,及时与消费者沟通。

一般来说,企业要准确了解市场需求,掌握消费者信心,就必须与消费者进行直接沟通,这不仅仅是企业成功的不二法门,也是个众时代对企业营销的根本要求。微博的出现为消费者和企业搭建了沟通的平台，一方面，企业在进行微博营销时要积极与粉丝进行交流，向其传达有关产品或品牌的信息，并及时对粉丝的留言进行回复与解答。但要注意的是，企业不能生硬地发布纯广告，以免招致粉丝的反感，而要通过一定的技巧来发布"软广告"，以一种开放、平等的姿态去面对广大的消费者。

同时，企业微博要注意主动引导话题走向，将微博主题与企业本身的推广联系起来，以优化传播效果，达到营销的目的。另外，企业要控制信息发布频率，适时地对粉丝关注的话题进行更新，调动粉丝的积极性。当然，主题更新的速度也不能过快，一般控制在7~8天为宜，这样的发布频率既能够调动粉丝的积极性，也不至于由于更新过快导致粉丝的信息"疲劳"。另一方面，企业还要不定期地发布一些产品打折优惠、秒杀活动等能够吸引消费者眼球的信息，提高他们参与活动的积极性和主动性。

第二，利用名人效应。

由于微博上每天出现的信息量很大，若企业营销的信息没有太大亮点，肯定会石沉大海，而且企业粉丝的获得也有很大难度，这时，利用名人效应往往可以取得事半功倍的效果。因为名人微博拥有众多粉丝，其一言一行都会引起关注者的"骚动"，经过名人示范，企业信息的传播可实现倍数放大。当他们发布信息时，所有粉丝都会看到，更何况后面还有多层级的几何式传播，其效果不可小视。

当然，企业在选择名人进行微博推广时也要注意以下几点：首先，微博代言人的形象气质要与企业的品牌形象相符，这样才能够达到良好的传播效果，否则就会适得其反；其次，名人的形象至关重要，有的企业会选择"网络红人"代言，这样固然能够提供企业知名度，但也面临很大的风险，"三俗营销"还有待进一步验证和研究。

第三，要全方面监控信息，对负面信息做出及时、正确的反应。

微博具有传播速度快、受众面广等特点,这是微博营销的一大法宝,但也意味着出现危机时企业掌控的难度加大。对此,企业应该建立起完善的微博营销监控和反应机制,及时跟踪信息,对各种信息在第一时间向公众做出解释,并以负责任的态度予以澄清和回应,否则有时会显得欲盖弥彰。

中国 SOHO 集团的潘石屹就曾利用微博成功化解了企业危机。当时,建外 SOHO 因物业纠纷导致停水停暖,业主和媒体认为是潘石屹在背后操纵,负面新闻接踵而至,对企业和其本人的形象带来了损害,但他及时通过十几条微博不断地将事件的处理进程传播出去,使公众第一时间了解了事情的真相,潘石屹也借此挽回了此事件带来的损失。

2.好创意 + 微博特点=成功

微博营销有以下特点:成本低,140 个字发布信息几乎没有成本;形式多,可以利用文字、图片、视频等多种方式展示品牌和产品;传播广,转发非常方便,一传十十传百,形成口碑传播,既可以利用其做营销,又可以做客服,还可以做公关。

所以,微博营销深受企业和消费者的欢迎。

至于如何营销,已经有了第一批吃螃蟹的企业在微博营销上试验他们的创意做法,我们不妨来学习一下。

(1) 直播式的微博营销

利用微博可以直播企业线下的各种活动,比如直播公司的旅游活动、新年联欢会、大型会议、互动活动等,这种直播活动,需要一个策划小组来完成，而且需要图文并茂，如果对有创意的奖品作奖励，会更刺激。

飘飘龙是一家做毛绒玩具的公司。2009年1月底，公司组织10人的粉丝团到巴厘岛旅游，并将这个活动在微博上直播。他们先是在新浪微博上组织了一个策划团队，设计了100只围着围脖的绝版泰迪熊作为微博上的奖品。旅游期间，飘飘龙的粉丝们从巴厘岛上不断发回各种图片和短信。微博上参与的微博粉丝有几千人，很快活动转发超过1.5万跟帖。这个活动最后是5天时间里从巴厘岛发回图片帖子1000多条，有几千个博友参与互动，产生了几万条评论和2万多条转发。

(2) 讲故事的微博营销

微博是有利于企业故事传播的载体。写故事并不难，在一个企业工作，了解这个企业和它所处的行业，就必然知道许多对外人来讲神秘新鲜，一般人无法预见结果的事情，这样，就有了故事。记住，一个企业微博需要多个不同的声音在微博上讲故事。

黑黛公司在新浪的微博诞生后，让14个直营中心的70名员工写微博故事，内容是客户对新技术的体验，并链接到博文。有兴趣的用户会通过链接进入24小时咨询中心，还可以预约到线下直营中心体验。一般讲，受众在经过几次对话和体验后，接受服务的比例会很高。一旦接受了服务，新的故事又会源源不断出现在微博上，形成营销上的良性循环。

(3) 企业领导人的微博营销

企业的微博可以表现出企业的文化，尤其是管理层的文化。我们愿意看到的企业微博,是那个企业在说话或者是那个企业的领导在说话,以及企业的员工在说话,只有这样的微博才能让我们感觉和触摸到企业鲜活的文化。

"型牌男装"是一个定制服装的网站,它的微博营销特色是由总经理黄岳南带头,组建一个微博运营小组,利用各种节日话题推广他们的企业文化和经营模式。黄岳南是企业家身体力行微博的典范,一年多时间在博客上写作博文 400 多篇,写作微博 2000 多条,粉丝超过 4 万。他的微博因为幽默、平等、没有架子而受到粉丝追捧,他还首创了邀请粉丝参观企业的活动,在粉丝中形成了很好的口碑。

(4) 操控人心的微博营销

"身上只有 3 块钱现金的人,饿得虚弱地躺在被窝里睡不着啊……好可怜……晚上的美味大面条就这样被消化完了……现在连外卖都叫不起了……怎么办呐?!"

看到这样的帖子,你一定也有同感。其实这是一个淘宝主管教你"如何用支付宝叫外卖"的策划。

微博营销和其他营销一样,一个不变的前提是善于抓住受众的心理。什么是受众心理?在此无法给你一个固定的结论,但需要注意的是,140 个字实在太短,因此在微博上,一切传统形式的广告对于网民来说,基本都是不起作用的。可以毫不夸张地说,那些形式老套的弹窗广告只会招来网民的反感和咒骂。

当然,有人会说,我们不是大公司,也不是大企业,就算有好点子,也未必能够产生影响力。作为创业的个人或刚起步的小企业,没有任何背景,如何迈出成功的第一步呢?

请记住一个原则,在微博时代,并没有绝对占据优势的企业或个人，每一个人都可以成功，关键是你的创意一定要符合实际。大公司能做的，小公司一样能做；大人物能做的，小人物也能做，只看你怎么去构思了。

美国有个43岁的妇女为她姨妈向政府申请了一个免费的轮椅，她所做的就是准备一些必要的文件和填写一些表格。她因此写了一篇如何向政府申请免费轮椅的报告。

事情成功之后，她在微博上简单地发了留言，并宣布可以售卖她所写的报告，售价为2美元，尽管她没有做任何推广，但每月却又数以万计的人从她的网店里购买这个报告，每个月她都获利3万美元左右。

后来，她将此消息刊登上报，却受到了公众的批评，渐渐地也就没人来买她的报告了。

虽然这是一个非常古怪的例子，但反过来看这一现象，你就会得出一个结论：许多情况下，在通常的市场中（直接销售，通过报纸、杂志、电视等）并没有取得成功的产品，也许在微博上就能赚钱。

也许下一个简单、奇怪的例子又会在微博上产生，而这个例子的创造者可能就是你。

当然，有好的创意，还要加上微博的一些特色——

不是单向地把企业的内容（如企业新品发布、企业新闻等）告知给自己的粉丝，而是结合着人为选择一些较为活泼的话题来发布，大到对时事的关注，小到衣食住行冷笑话等。

让企业微博每天能有十条左右的更新，太少了不好，太多了容易被忽略，为了增加个性特色，可以选择一个好的头像。

不要发布一些无聊的更新，多发一些有趣、有特色的更新，会得到更多的转载率，并提高企业博客的关注度。

对于重点推广的东西，140个字说不清楚的，可以用一句吊人胃口的话开场，然后添加具体内容的短链接地址。比如淘宝的三周年活动，微博上只是写了一句"淘宝三周年抽疯啦"，后面再附上活动地址。

一定要注意互动交流，这点很多企业都忽视了。不和粉丝形成互动，完全保持一种单向的交流通道，是无法发挥微博的推广作用的。

3.品牌建设——企业打谁的旗号最合适？

随着企业的官方微博、总裁微博、产品微博、客服微博等纷纷上线，顿时让进入微博营销领域的企业有了眼花缭乱的感觉。那么，企业微博到底有哪几种类型呢？它们各自的特点又是什么呢？

其实，企业微博无非就业务微博、管理者微博和员工微博三种类型。

业务微博

业务微博指企业为了业务往来而专门开通的微博，企业的官方微博、产品微博、售后服务微博、促销微博、招聘微博等都属于此类。

除了官方微博是各个注重微博营销的企业都有的外，其他业务微博的设定要根据企业自己的实际情况而定，一般控制在1~3个比较合适。例如科宝博洛尼除了有1个官方微博外，还有1个名为"科宝入住家装"的微博；长城汽车除了官方微博外，还有2个子品牌微博"长城汽车腾翼品牌"和"长城汽车哈弗品牌"。但也有不少企业只有1个业务微博即官方微博，例如百事可乐只有"祝你百事可乐"微博；七匹狼男装只有"七匹狼男装官方微博"。

业务微博是企业为了拉近与消费者之间的距离而专门开设的微博，它犹如企业的前台，一般由专人负责，注重与消费者的沟通互动。因此，首先在内容上，它要有清晰的定位，要发布有价值、有意义的信息，例如官方微博主要发布企业产品、活动信息，产品微博主要发布该项产品的介绍、活动信息，促销微博主要发布企业的各种促销信息等。另外，业务微博在发布信息上一定要讲究规律，一般集中在工作时间发布，信息数量控制在1天5~10条左右。

管理者微博

管理者微博指企业领导开设的微博，主要是指企业的董事长、总经理或者CEO的微博，例如新东方董事长兼总裁俞敏洪的微博、奇虎360董事长周鸿祎的微博、京东商城CEO刘强东的微博等。

企业管理者是一个企业的灵魂，他们的微博也是企业在微博营销中至关重要的一个环节。由于企业管理者是整个企业的领导核心，所以他们在微博上所承担的角色与业务微博有所不同。企业管理者主要是靠微博来打造个人形象，让更多的消费者看到企业管理者的个人魅力，从而对他们所管理的企业产生信心，进而间接为企业起到营销宣传的作用。因此，管理者微博需要依据个人性格特点的不同，在内容上有所侧重，有的睿智，有的幽默，有的朴实，有的前卫。在信息发布上，管理者微博目前并没有统一规律可循，只是更新相对来说比较慢，而且经常集中更新。

员工微博

员工微博是指企业员工自己开设的微博，通过微博名字可以很清楚地知道员工来自哪个企业。在员工微博中，最具代表性的恐怕就是东方航空公司了。东航为了拉近公司与乘客之间的距离，让乘客近距离地感受企业人性化的一面，召集了符合东航形象和服务质量的空姐，在微博上均用真实姓名前冠以"凌燕"为统一形象，例如"凌燕孙晴雯""凌燕木易景"等。

员工微博是企业与个人的混合体，相比前两种类型的微博来说，无论是内容还是信息发布，它都没有统一性，完全视个人习惯而定。员工微博从整体上对企业的营销是有帮助的，但它的作用并没有企业前两种微博的作用那样直接，它只是在潜移默化中影响着粉丝。

每个企业都有自己的品牌，很多人认为，品牌账号比个人账号更能传达企业信息。

首先，品牌是权威的，用品牌账号留言的人代表的是整个公司。

其次，公司账号的留言和个人账号有一个明显的界限，就是公司账号不会漫无边际地闲聊。

最后，个人总会有离开企业的一天，而品牌账号不会因为使用账号的人改变而发生丝毫改变。

但是，大多数成功的商业故事都是从简单生活化的交流开始的，而且，冷冰冰的品牌账号是人与人沟通起来天生的屏障。如果打电话与客服交流，如果她告诉你的名字是一个真人的名字，然后再提供服务内容，你不是能感到更亲切，并更乐于和这家公司打交道吗？

所以，一个普遍的观点是，知名品牌的账号名称也应该是真人的名字，这些人在必要的时候将从网络背后走入现实。

到 2010 年底，360 公司董事长周鸿祎在新浪微博上拥有 50 多万个粉丝，受关注程度远远高于 360 公司及其产品在微博上的官方账号（如"360 安全卫士"官方账号在 2010 年底只有不到 9 万名粉丝）。在这种情况下，周鸿祎通过个人账号在微博上发出的声音，其传播的深度和广度远远强于"360 安全卫士"的官方账号。

在微博这个大平台上，周鸿祎的个人品牌价值明显超越了企业品牌。类似这样的例子还有很多，许多大企业的领导者都在微博上拥有个人账号，而且聚拢了相当高的人气。

这就是微博营销中的"品牌拟人化"，即个人品牌。

公司和人能够等同吗？这个问题历来是企业家们热衷探讨的话题。很多人觉得，企业必须用标识参与微博对话，否则，要标识何用？

但在面对人气旺盛的企业微博时，粉丝的数量已经说明了问题。这些企业的品牌无一例外都是以个人的形象代替企业原有的标识，因此，它们拥有相当多的支持者，每天的来访者络绎不绝。

举个例子，你觉得联想用"@lenovo"的标识会比用一个人的名字作为微博形象更权威可信。但如果这个账号换成"@柳传志"呢？你是不是想去看看，即使你不买任何产品，也会有关注的念头？

一个显而易见的事实是，更多的人愿意和真实的人而不是与那些小标识交流沟通。当然，这个账号的名字本身也应该具备影响力。如果联想的账号不用"@柳传志"而换成另外的无名小卒，恐怕也不会引起人们的关注。

是的，品牌不完全等同于人，但可以让人在微博上代表品牌，并用更加真实的面孔来渲染品牌的亲和力。

比如，一家生产女性用品的公司用于市场营销的形象是一张迷人的女子面孔，同时，这个形象有一个能令人产生"温和、善良"联想的名字。这是一个虚拟的品牌附着在真人身上的故事，甚至大幅招贴海报上还有她的签名。当然，这一切都是预先设计好的拟人化方案。在真实世界里，你可能找不到这个人，但客户就是喜欢这个形象，并且信以为真。在某种意义上，这个拟人化的头像就成了品牌的永久代言人。

在微博时代，个人品牌很可能会超越企业品牌，成为大众瞩目的

焦点。因为:

第一,企业的官方微博账号往往是由企业公关部门来维护;而个人微博账号更具有个人特点。

第二,企业微博对言论发布通常十分谨慎,往往只有一种单一的声音;而个人微博发布言论时相对随性一些,具有多元化的特点。

第三,企业微博往往以推广公司品牌、产品、服务为目标,而个人微博则多以表现自己的思想、增加影响力为目标。

因此,个人微博相对于企业微博,受粉丝信任的程度通常更高一些。

4.以战略的高度挖掘潜能

任何一个营销活动,想要取得持续而巨大的成功,都不能脱离系统性,单纯当做一个点子来运作,很难持续取得成功。

微博营销看起来很简单,对大多企业来说效果也很有限,所以被很多企业当作可有可无的网络营销小玩意儿。其实,微博作为一种全新形态的互动形式,潜力十分巨大,发挥出的作用很小的原因是你本身投入的精力与重视程度不够。

曾经大家觉得网络销售很不靠谱,当时实际的效果也多不理想,而戴尔电脑公司坚信互联网可以创造更高的销售,未来的前景也会更乐观,于是把互联网营销纳入经营模式中,以战略的高度去挖掘网络销售的潜能,最终创造出了今天网络年销售额几百亿的奇迹。

企业想要微博发挥更大的效果,就要将其纳入整体营销规划中来,总结一下企业微博的操作技巧与需要注意的禁忌,这样微博才有机会发挥更多的作用。

(1) 传递价值首先要改变观念

企业微博不是一个"索取"的工具，而是一个"给予"的平台。现在微博数以亿计，只有那些能对浏览者创造价值的微博才有价值，此时，企业微博也才可能实现期望的商业目的。企业只有认清了这个因果关系，才可能从企业微博中受益。

欲塑造一个大家喜欢浏览并会持续反复光顾的微博，需要经营者持续提供目标浏览者感兴趣、有价值的信息。现在企业微博常给浏览者提供一些限时抢购、优惠券、赠品等作为宣传与吸引浏览者的手段，但是，我们不可能每天都有奖品赠送，即使每天都有礼品奉送，最终留下的也都是一些只为了领取奖品的专业领奖户，这对企业品牌与销售没什么实际促进作用，只是在浪费人力与财力。

企业要改变对价值的认识，并非只有物质奖励才是有价值的，比如，提供给目标顾客感兴趣的相关资讯、常识、窍门。也可以以自己的微博为媒介平台，链接众多目标客户，如俱乐部、同城会等，同时将线上与线下打通，让微博有更多的功能与实际作用，这样才能构建出一个拥有高忠诚度与活跃度的企业博客。

你的微博对目标群体越有价值，对其的掌控力也就越强。其实，微博的经营真谛就是一种价值的相互交换，企业和粉丝在这个过程中各取所需、互利双赢，只有这样的模式才能长久。

(2) 微博个性化，给人感觉像个"人"

微博的特点是"关系"、"互动"，因此，虽然是企业微博，但也切忌办成一个官方发布消息的窗口那种冷冰冰的模式。要给人感觉像一个人，有感情，有思考，有回应，有自己的特点与个性。

一个浏览者觉得你的微博和其他微博差不多，或是别的微博可以替代你，那你的微博营销做的就是不成功的。这和品牌与商品的定位一样，不仅要从功能层面就做到差异化，还要在感性层面塑造个性。这样的微博具有很高的黏性，可以持续积累粉丝与专注，因为此时的你有了不可替代性与独特的魅力。

是人就要说话，也就是互动，拥有一群不说话的粉丝是很危险的，因为他们慢慢会变成不看你内容的粉丝，直至最终离开。"活动+奖品+关注+评论+转发"是目前微博互动的主要方式，但实质上，更多的人是在关注奖品，对企业的实际宣传内容并不关心。相较赠送奖品，微博经营者认真回复留言，用心感受粉丝的思想，更能唤起粉丝的情感认同。

这就像是朋友之间的交流，时间久了，自然就会产生一种微妙的情感连接，而非利益连接，这种联系持久而坚固。当然，适时结合一些利益作为回馈，粉丝会更加忠诚。

(3) 要连续发布，也要准确定位

微博就像一本随时更新的电子杂志，想让大家养成观看习惯，就要定时、定量、定向发布内容。当其登陆微博后，能够想着看看你的微博有什么新动态，这无疑是最成功的境界。虽很难达到，但至少我们要做到经常出现在他们面前，久而久之便可成为他们思想中的一个习惯。

定时、大量地发布企业微博自然是最有利的，大量发布微博可以在一段时间内占据关注者的微博首页，至少不会被快速淹没。但一定要保证微博质量，在质量和数量的选择上一定要以质量为先。因为，大量低质量的博文会让浏览者失望。一个缺乏有价值信息、多是垃圾内容的企业微博，不仅达不到传播目的，还很可能被不胜其烦的粉丝删除掉，或压根就不会有人关注你。

微博粉丝多当然是好事，但对于企业微博来说，"粉丝"质量更重要。因为企业最终的目的是从微博粉丝身上转化出商业价值，这就需要拥有有价值的粉丝。

这涉及微博定位的问题，很多企业抱怨：微博人数都过万了，可转载、留言的人却很少，宣传效果非常不明显。这其中一个很重要的原因就是定位不准确。比如服装企业的微博，可以围绕一些产品目标顾客关注的相关信息来发布，以吸引目标顾客的关注，而非只考虑吸引眼球，导致吸引来的都不是潜在消费群体。现在很多企业微博都陷入了这个误区中，完全以吸引大量粉丝为目的，却忽视了粉丝是否是目标消费群体这个重要问题。

企业微博定位专一很重要，但专业更重要。同市场竞争一样，只有专业才可能超越对手，持续吸引关注目光，专业是一个企业微博重要的竞争力指标。因此，规模较大的企业应该设置专人负责网络营销，或由企划部文案、策划人员负责，有内刊的企业则由内刊编辑负责。如果规模较小或没有这方面经营能力，则可以委托专业公司代理。

(4) 有效控制，打造良性"蝴蝶效应"

微博没有腿，但速度却快得惊人，当极高的传播速度结合传递规模，更会创造出惊人的力量。但是，这种力量可能是正面的，也可能是负面的，因此必须有效管控企业微博这柄双刃剑。

要有效掌控企业微博，需要注意的问题很多。

一篇微博看起来短短的百十字，但实际撰写难度与重要性非常高，需谨慎推敲所要发布的博文，以免不慎留下负面问题；一旦出现负面问题，要及时跟进处理，控制局势，而非放任自流，更可怕的是到问题很严重的时候还全然不知。

微博开展活动要善始善终，过程中要进行积极良性的引导。因为网络参与的自由度非常高，任由网民的主观意愿往往会导致事态向难以掌控的方向发展；对于互动对象的举动与信息反馈，也不可掉以轻心，必须积极而谨慎地对待。

很多人认为,微博就是短信,就是随笔,甚至就是唠嗑。的确如此,但一个企业微博却不能如此,因为我们既不是明星大腕,也不是一般百姓,我们开设微博不是为了消遣娱乐,而是以创造价值为己任的企业,任何商业行为都必须有相应的回报。

想要企业微博经营得有声有色,持续发展,单纯在内容上传递价值还不够,必须讲求一些技巧与方法。比如,微博的话题如何设定、如何表达就很重要。如果你的博文是提问性的或是带有悬念的,能够引导粉丝思考与参与,那么浏览和回复的人自然就会多,也容易给人留下印象。反之,如果仅仅是新闻稿一样的博文,那就算是粉丝想参与都无从下手。

再如,大家对不为人知的事情都很感兴趣,那么,适当加入一些隐私性话题也会增加微博黏性。当然,这里的隐私性话题不是个人私生活隐私,而是产品背后的故事、生产中不为人知的工艺、企业员工或领导者的小故事等,这些都会给粉丝带来新鲜感和获知欲。

微博用户都是以休闲的心态来使用微博的,因此,内容上要尽量轻松幽默,给人以有趣的感觉,这样可以增加品牌的亲和力。总之,抓住人性的特点和交流的技巧,可以让你的微博更受欢迎。

微博虽然限制是一百多字,但枯燥的内容越少越好,10 个字能说清楚的问题就不要拖长到 11 个字。同时,配以图片和视频也是化解枯燥乏味的好办法。人类本能地对视觉图像有兴趣,因此,每篇博文配上对应的图片或视频对提高微博的质量很有帮助。

企业微博的博文应该是高质量、有价值的,但是,这样的博文自然原创的"产量"不会很高。所以,有时可以结合转发微博,不要担心不是原创,浏览者只注重文章的价值。但是,转发的微博一定要和自身微博整体定位相符,同时质量很高,因此,不妨多关注一些对口的专业微博。

企业可以在多个人气旺的微博网站同时开博,比如新浪、搜狐、网易、腾讯等,而后一份博文稿可以分别发在各微博上,这样可以大大提高传播效率,摊薄经管成本。

(5)模式创新,潜能开发

微博这一新生事物刚刚商业化应用不久,加之自身非常高的扩展性,使得微博营销的模式具有很大的探索空间。抓住机会,有效创新,就可以从中轻松获益。

凡客诚品的官方微博@VANCL粉丝团在2009年11月初发布了由徐静蕾设计、与VANCL合作出品的配饰。同时,VANCL送给姚晨两条围脖。不久,姚晨在自己微博上贴出了围脖照片,有500多条评论。当晚,VANCL助理总裁@许晓辉便进行了转发和评论:"想免费得到和姚晨一样的围脖吗?跟帖第190楼、290楼赠送和姚晨围脖一模一样的围脖各一条。"24小时内,此条围脖获得评论超过300条。

在Twitter上,戴尔公司的@DellOutlet这个专门以优惠价出清存货的微博目前已有近150万名关注者;而通过这一渠道宣传促销卖出的个人电脑、计算机配件和软件,让戴尔进账650万美元以上。

星巴克在微博上推出了自带环保杯可以免费获得一杯咖啡的互动活动,组织非常成功,网友纷纷上传自己领到免费咖啡的照片,数以百万计的传播为星巴克的品牌形象做了一次大大的宣传。

这些企业都在积极探索着微博营销的道路,也都从中取得了不错的收益。

另外,微博其他方面的作用也在等待我们去挖掘,比如,作为售前咨询、售后服务的窗口;在企业内部管理中,管理者可以通过微博了解员工心声,和员工、同事拉近距离等。美国总统奥巴马更是把微博应用在了政治领域，其在竞选总统时用微博为自己拉来了大量选票。可见，微博不仅是一个传播媒体、一个娱乐工具，它还有着巨大的潜能等待我们去发现。

5.从菜鸟到达人，写好微博内容

写好微博的内容，在微博中展示出自己的个性和特点，是吸引粉丝的前提条件。

但只有内容还不够，为了吸引更多的粉丝，还需要多学些有效的经验和方法。

（1）寻找最合适的人来关注

新手刚开始写微博时，粉丝数量都是从零开始的。绝大多数新手都非常想知道，该如何将粉丝数量由 0 变成 100。其实，只要按照下面的几个方法去做，得到你的第一批粉丝并不困难。

第一，作为一个"零粉丝"用户，你必须主动去关注别人，别人才有可能反过来关注你。

那么，如何寻找最合适的人来关注呢？答案是找与你最相似的人。因为只有爱好相似、特点相近的人，才会有相同的话题，才会互相关注。

微博提供的标签和搜索功能是寻找粉丝的重要工具。微博提供的找人搜索一般都可以直接搜索名字、昵称、话题、标签等。例如，你是一个标准的"宅男"，想找一找微博上类似的"宅"人有哪些，那你可以直接在微博搜索中限定搜索标签，然后搜索"宅"字，就可以看到同样为自己打了"宅"字标签的微博主的列表。

当然，你也可以通过微博搜索直接搜索你感兴趣的话题，比如搜索"美剧"，就可以看到有哪些人正在微博中讨论美剧。然后，可以从搜索结果中进入每个微博主的主页，看看他们的昵称、头像、简介和微博，找出其中你最感兴趣的微博主，关注他们。如果被关注的人通过微博提醒发现你开始关注他，那么，他们也会反过来阅读你的自我介绍、标签和微博内容，到时就很有可能因为兴趣相似而成为你的粉丝。

除了搜索和标签功能以外，你也可以利用微博上的人气榜找出你喜欢的明星、名人，然后看一看都有谁像你一样在关注同一个明星或名人。通过关注对象，也可以找到性格相投的朋友。

第二，你要有意去寻找那些最活跃、最愿意关注别人并与别人交流的微博主。这样的微博主，你关注了他们，他们反过来关注你的可能性才比较大。那么，怎么才能找到这一批活跃的、愿意关注别人的微博主呢？

有一个方法是在热门微博、热门评论中找那些经常主动评论、主动转发的人，这些人在微博上最活跃。当你关注他们时，他们也很愿意反过来关注你。

另一个方法是，看一下对方的粉丝数量与对方的关注数量之间的关系。假设某个人的粉丝数量是50，但他关注的人的数量是500，那说明这个人是个疯狂寻求关注别人的人。无论他是出于什么目的，他都可能比较容易成为你的第一批粉丝，有助于你后续扩大粉丝基数。

除了这些"狂粉"之外，那些关注他们的50人很可能也是像你一样刚开始找方向的人。所以，你也不妨去关注这50人，尤其是兴趣和你一致的。

当然，利用上面这两种方法找到的粉丝，并不一定是真心喜欢你的微博的人,你也不一定真的喜欢他们的微博。在吸引粉丝的最初阶段,这样通过交换关注得到的粉丝对你还是有一定价值的,至少可以让你的粉丝数量看上去比较多,不会有无人喝彩的感觉,同时也有利于吸引更多的粉丝。当你的粉丝数量增加到一定程度时,如果你还是不喜欢他们的微博,不妨取消对他们的关注。

第三,一旦关注一批人后,你要在微博上多评论他们的发言,别人才有可能注意到你。礼尚往来,在微博上也是这个道理。如果你经常评论一个人的微博,经常夸奖他的语言风趣、内容有价值,那他一定会反过来注意到你,并可能进一步关注你,成为你的粉丝。留言时,不妨多慷慨赞美他们的观点。如果一段时间后,他们还没有关注你,你也可以直接留言请他们关注。

第四,在其他网站,比如你的个人网站、个人博客等地方,给出你的微博主页的链接,甚至还可以在你的电子邮件签名中、你的个人名片中写上微博地址。这样,当网友从别的地方认识你时,就会很自然地顺着链接找到你的微博。

第五,在增加粉丝的初期阶段,保持每天都发几条吸引人的微博。这样,每天新来的网友就不会因为新鲜出色的内容太少而丧失对你的微博的兴趣。要理解,大部分人在关注一个人之前会先看看他现在的首页,也就是最新发的十个左右的微博。所以,你要尽量保持在任何时候,你的十个最新微博都有足够的吸引力。反响好的微博可以隔几天再用转发自己并加新评论的方式重复发一次,因为初期来看,你微博的粉丝很不固定,新来的人有可能会错过以前的精彩内容。

第六,初期尽量看看微博上与你同类的人、你正关注的人都在讨论什么话题,尽量写些类似话题的微博。这样,他们来到你的微博主页后,就很容易产生共鸣,进而成为你的粉丝。

只要有好的内容,又有一定数量的第一批粉丝,你的微博就有可能被粉丝们转发和评论，并进而吸引更多粉丝关注。一旦形成滚雪球的效应，你的粉丝就会自然而然地稳步增长。

(2) 请人转发和推荐

当你的内容够好之后，当你已经吸引到第一批粉丝之后，就可以想办法大规模增加你的粉丝了。这时，要找的不仅仅是能凑数量的粉丝，而是真正喜欢你的微博、喜欢你的个性特点的高相关度粉丝。要把你的粉丝数量从 100 提升到 1000，仅靠交换关注是不够的。这时，最有效的方法是耐心地请那些粉丝众多的微博主转发和推荐你的微博。

当然，你首先要找到适合帮你做转发和推荐的微博主。通常，你的好朋友、与你有共同话题的人、与你个性相似的人、在微博上与你互动良好的人，或者非常热情愿意帮人做转发和推荐的人，都可以成为你寻找的对象。还有，与寻找你的关注对象类似，多找人气高的微博主，既可以通过微博的人气榜来找，也可以通过话题或标签搜索来找。

找到人气高的、可能帮你推荐的微博主后，先准备一条或几条你认为写得很好、足以吸引别人目光的微博，然后通过留言或私信的方式直接告诉人气高的微博主，你希望他们帮忙转发和推荐。当然，留言和私信中，不要只是恳求别人推荐，还要给别人一个理由，比如"能帮忙转发我的微博吗？我想，我关于 iPad 未来的分析对你的粉丝可能很有帮助"、"请帮忙转发，我热爱摄影，想通过照片与更多摄影爱好者成为朋友"等。如果不直接留言、私信，那也可以在你的微博或评论中用"@"提及他们的名字，引起他们的注意。

人气高的微博主帮你转发时，如果能给你做个吸引人的介绍，那就再好不过了。

向若珲是创新工场的一个实习生，李开复在微博上看到他写了一篇不错的关于创新工场工作氛围的微博："我喜欢创新工场，喜欢这里的人和事,喜欢这里的自由气氛。这里有彼此交心的朋友,也有令人激动的项目,有我尊敬崇拜的大牛,也有和我一起成长的新人。我想说,在个人职业生涯的初期能加入到这样的公司、这样的一群人中来,应该心存感激并好好珍惜。"

之后,李开复转发了这条微博,还加上了他对实习生的介绍:"若珲是创新工场很有传奇性的一个实习生。他追随自己的心,自学了设计,两年内拿到设计大奖。他说服了老师,让他不上课只考试拿学位,能够延长实习期,既不放弃工场,也不放弃学位。他聪明地把自己的才华成功地拓展到追女朋友上。在今天充满迷茫的大学里,他是一个值得关注的文武双全的奇才。"

这条介绍一下子吸引了很多人的目光,给他增加了数以千计的粉丝。如果只转发不评论,或只是随便说几句,向若珲很难得到实质性的粉丝数量提升。

私信在微博世界里用得非常普遍,很多情况下都可以用私信来扩展你的圈子。例如,可以发私信给已经关注你的人气高的微博主,或者给那些人气高而且开放私信(即在隐私设置中允许所有人都可以向他发私信)的微博主。大胆利用私信,请这些微博主帮你转发或推荐。

找人推荐时,不要只看他的粉丝数量,或他推荐后的转发数量,还应该找到与你个性特点比较相近、粉丝群体特征也比较相似的人,只有这样,他粉丝群体中的人才最有可能成为你的忠实粉丝。否则,仅靠大量转发得到的粉丝有可能很不稳定,过一段时间就可能取消对你的关注。

6.时间、效应、频率、互动

想让微博营销实现效用最大化，需注意以下几点：

(1) 最佳发微博时间

微博的用户数量非常大，每天新产生的微博也非常多。对一个微博用户来说，他每天阅读微博时，他所关注的所有人新发布的微博都会出现在时间流中。大多数人通常没有办法读完所有微博，而是只读那些他们上微博主页后看到的最新内容。这样一来，发微博的时间就变得很关键——如果想要更多的人看到你发的微博，一定要选择最合适的发布时间。

首先，人们每天上网看新鲜事物的时间通常比较趋向于几个集中的时间段：上午 9:30~12:00，下午 3:30~5:30，晚上 8:30~11:30。这几个时间段是发微博的黄金时段。按照在线用户的活跃程度来排序，一般是晚上活跃用户最多，上午其次，下午稍少一些。

当然，工作日和周末的最佳发微博时间不大一样。在工作日，人们朝九晚五上班工作，上午、下午和晚上都有集中上网的时间。周六和周日大家要休息，上网看微博的时间相对工作日要少很多，而且分布也不是很有规律。一般来说，周末上午看微博的人少，下午和晚上要多一些。而且，周六看微博的人最少，周日要多很多。因此，如果你写微博需要每周休息一天，可以选择在周六休息。

其次，根据微博读者对象的不同，发微博时间也略有差异。比如，如果你写微博主要是给大学生看的，那你就要考虑到，大学生没有太明显的周末、工作日的规律，周一到周五因为要上课，白天上网的时间反而少，周末上网的时间则最多。所以，发给学生看的微博可以选择在工作日的晚上或周末的下午、晚上发。

再次,微博内容不同,最佳发微博时间也有所不同。例如,如果发的是业界新闻、行业动态,那你最好在上午的工作时间发,这时,关心此类内容的办公室职员、白领等人群,多半正在微博上浏览相关信息。如果想发布有关人生感悟、娱乐休闲、家居生活等话题,那最好是在晚饭之后,大家不再因工作而操劳时发出。周五下午,通常可以谈谈周末娱乐方面的话题。周末或假期则可以面向学生发布相关内容。

(2) 利用节假日效应

每逢节假日,微博上的粉丝们往往会关心一些特定的话题,并大规模转发某些特定的内容。例如,圣诞节前后,大家会大规模在微博上互致圣诞问候,并大量转发圣诞相关的笑话、段子、图片、故事等;在情人节期间,那些柔情蜜意的图片、诗篇,有关爱情的格言警句,可以营造氛围的照片、文字都会成为大家转发、追捧的热点。一年之中,学生的寒假、暑假以及元旦、春节、情人节、清明、母亲节、端午、七夕、中秋、教师节、国庆、圣诞节等,都可以产生不同的微博热点,可以尝试着预先做些准备,比如提前 5 到 10 天就准备好一些自己想发的内容。如果能在每个节假日多发一些最相关的微博,一定可以收到很好的效果,吸引众多粉丝的关注。

例如,在教师节,发微博感谢你人生中的几位良师。

李开复:教师节感恩:(1)中学数学老师 Albert,她鼓励我让我喜爱数学,每周开车送我去大学上她教的微积分;(2)大学教授 Myron,他教我:人生的目的就是让世界因你而不同;(3)博士导师 Reddy,他在我提出不用他的方法做论文后,告诉我"我不同意你,但是我支持你";(4)Sister Mary David 是个有耐心的修女,每天牺牲自己的午餐休息时间来教我英语。

应该注意，有些重要新闻、时事也会改变当天的微博气场。比如，上海胶州路大火哀悼的那天，你就不应该在伤痛的时间发搞笑的微博。如果你看到大家正在讨论重大事件，那就不妨想想，你是否有合适的、有深度的内容可以即时发出。这种实时讨论就像在真实生活里一样，要及时，热点过了就很难激发网友的兴趣了。

(3) 如何转发

在微博平台上，相互转发是扩大影响力、加速微博内容传播、吸引更多粉丝关注的重要手段。从这个意义上说，转发是"群体智慧"的表现。转发微博也是一种技能，就像一个好编辑要善于发现好文章、好作者，并善于编辑、加工和再包装一样。善于转发微博的人，总是能在最恰当的时机转发对自己的粉丝最有价值的信息，同时还会用符合自己特点的评论为转发加上"点睛之笔"。

转发微博时，要注意以下几点：

第一，慎重挑选要转发的内容。转发在事实上表示该内容得到了你的认可，也代表了你的品位，不慎重使用转发，不但会失去粉丝，更会伤害你自己的信誉。

第二，微博是个性化的平台，内容应以原创为主，转发不要超过自己微博数量的一半。

第三，特别值得转发的内容，可以在最后加一句"请转发"。

第四，转发时尽量增加自己的简短评论，或从转发的内容里挑一句经典的话，这样，你才会被大家关注。

第五，自己转发自己。对于自己发出的、比较受欢迎的微博，几个小时后可以加一句话或者加一个问题，通过转发的方式再发一次。这样，即便粉丝没有看到第一条微博，也有机会再看一遍。而看过第一条微博的人，也可以从第二次转发中找到新的信息内容。

第六，利用转发来发起病毒式传播。例如，关于慈善、爱心活动的转发，在内容上标明"慈善"、"援助"等字样，就很容易一传十传百地连环转发下去。微博上也有人玩文字接力的游戏，可以用连环转发的方式不断续写一条微博，这也是病毒式传播的一种。

第七，对于留言或私信要求你转发的请求，适当地选一些好的来转发，但不宜过多。

第八，转发和留言最好少于100字，免得别人再次转发时，要删除你的字（因为转发的字数上限也是140字）。

第九，不要用转发的方法来回应针对你的、负面或恶意的微博、留言，因为那样反而帮他做了宣传（有些网友只看被转发的内容，而会忽略掉转发者的评论）。

第十，转发或转载信息时，记得不要隐藏出处、原作者、原始网页链接等信息，即便字数有限，也尽量只删减言论，而保留作者姓名（这和学术著作里严谨的引用规则一样，应受所有微博用户的尊重）。

(4) 合适的发微博频率

除了发微博的时间段以外，发微博的频率也是一个值得考虑的因素。

首先，作为一个尽职的微博主，最好能天天都发微博，别让粉丝忘了你。

但是，一天发的微博数量过多，会在粉丝看到的页面上造成"刷屏"现象，引起大家的反感。而且，数量多了，微博的质量就会下降。因此，保持一天发10~15条，这是一个比较合适的频率。

另外，每天不同时段的微博数量尽量均衡，比如每天早上、下午、晚上各发3~5条。

每条微博之间，最好间隔一定时间再发，比如相隔20分钟左右，或者更长时间。因为读者在某个时间看到你发的多条微博时，通常只会仔细阅读最新的一两条，而忽视之前的微博。

总的来说，发微博的原则是"宁缺毋滥"。在没有好的内容时，宁愿少发或者不发，也不要过多地发布低质量的内容。对于一个关注度本来就不高的新微博来说，以过高频率发布过多的低质量内容，无异于赶走粉丝的自杀行为。

对于微博新手来说，一开始高质量的内容少，所以发布频率低一点比较好，每条微博的间隔时间也相应的长一些，比如一两个小时以上。等到写微博逐渐熟练，微博内容的质量越来越高，就可以逐渐提高频率，每天多发一些微博，每条微博的间隔时间也可以短一些。

(5) 与粉丝互动

吸引粉丝关注、留住忠诚粉丝的一个非常重要的方法，是在微博平台上经常保持和粉丝、网友之间的互动。

微博上的互动类型有很多种，通常包括解释和说明、提问和回答、征集意见、发起话题讨论、不同观点的辩论、发起投票、有奖竞答或竞猜等。做这些互动时，要注意几点：

首先，在写微博时，微博内容可以适当留出扩展、发挥的余地，给别人接续话题的空间或再创造的欲望，不要写成所谓的"死帖"。

其次，有的微博最后可以用一句话问个问题，这样很容易引起大家的兴趣，使大家参与讨论。但是，对于问题型的微博，你既然发问了，就一定要负责任地查看粉丝的每一个回复和评论，你自己也要积极地参加讨论。

最后，要保持互动时的风度。不要生气，不要鄙视别人，尽量不要删除别人的评论（纯粹的恶意广告可以删除，出言不逊、态度恶劣的网友则可以考虑屏蔽他，但要谨慎处理）。

除了主动在微博上发起与粉丝间的互动，我们还要特别留意粉丝

的反馈, 及时作出正确回应, 这也是保证粉丝忠诚度、增加粉丝数量
的关键。

　　总之, 在微博上有很多和粉丝、网友互动的方法, 只要善于使用
各种互动技巧, 同时细心收集、听取反馈意见, 你一定能赢得越来越
多的粉丝关注。

第五章

微信营销，
抢摊互联网营销热地

1.朋友圈营销的优势

如今，微信朋友圈已成为一种新的营销渠道和工具，它背后隐藏着巨大的商机。朋友圈营销有四点优势是其他营销方式无法比拟的。

第一，**精准性**。你的朋友圈一般都是依靠现实中的人际关系建立起来的，所以知己知彼，精准性特别强，减少了营销的盲目性。

第二，**信任度**。信任比黄金更珍贵。做生意，从白菜到黄金，都需要建立一定的信任度，如果没有信任，就没有长期稳定的客户。朋友圈的信任度建立要比其他方式更加快捷方便，减少了机会成本的投入。

第三，**私密性**。微博像个大客厅，大家一顿乱侃；而微信却像私聊小单间，可以静心营销，达到销售目的。

第四，**影响力**。朋友圈的影响力是其他途径无可比拟的，朋友传给朋友，这是典型的连环人际模式，让你的人际网在短时间内呈几何级数扩大。

有了好朋友,就有好收益。在这个微信时代,我们要学会经营自己的朋友圈,使它们适用于所有关系,包括个人关系和职业关系。

下面来谈一下,如何在海量的信息中建立自己的主要关系圈和忠实社区,并且不让那些无关紧要的关系骚扰到你,影响到你的生活。

五圈模式打理你的朋友关系

首先,关系圈的想法是,你将当前和潜在的所有联系人都放在同心圆内,从与你关系最密切的人开始,一直移动到你不怎么认识的外围人士。画出圈子之后,就能更容易地看出你要转移到另一个"圈子"的那些关系。

(1) 密友

内层圈子,就是你的内层人际圈,或者你最密切的朋友。如果要更进一步的话,还可以对什么是真正的朋友做一个定义。

●你觉得可以放心地将自己内心最深处的秘密向他们倾诉。

●如果有需要,你可以借钱给这些朋友,也可以从这些朋友处借钱。

●如果你住院,这些朋友会赶来看望你;反之,如果他们住院,你也会去看他们。

●在需要的时候,你可以将自己的家人托付给这些朋友照顾。

●在紧急的时候,你可以随时召唤其中任何一个朋友。

●其中任何一个朋友都愿意送你去机场或去机场接你。

●你定期与这些朋友联系。

●你经常与这些朋友共度假期。

梳理之后,你可能会发现,只有一两个朋友满足最内圈的所有条件。《美国社会学评论》的研究表明,25%的人一个密友也没有,20%的人只有一个,而这个人通常是他们的配偶。但是,不论在最深的这个层次上你有多少朋友,请继续做这个练习。它可以帮助你看清在需要的时候如何"升级"自己的一些关系。

(2) 朋友

在你的第二个圈中，放的是你有固定交往、有共享兴趣的人。同密友一样的是，你信任和尊重这些人。在此建议你不要将你的微博上的粉丝放在这个圈子里，除非你真正了解特定的人。理想情况下，你应该和这个圈子中的人全部亲自见过面，并认为他们是真正的朋友。你觉得可以和他们探讨你生活中的一些私密细节。如果你要举办聚会，一定会邀请他们。

他们与你不像密友分类中的人那样亲近，但仍然相当密切。你对这些人的了解要比他们在社交档案中的信息多得多。在任何时候，你都可以从第二个圈子挑出一个人来，选择和他发展更深入的关系。根据你本人的交际水平，这个圈子中可能有 20 到 200 个人。

(3) 关键联系人

从中心算起第三个圈主要由职业上的联系人构成。也就是说，虽然你在特定的领域内 ——通常是指业务范围内——对这些人相当了解，但对他们的个人生活可能不太了解，也可能了解很多。这个圈子中的人通常是行业专家，被视为"影响力人士"，是你的金名片夹中的人。有些人可能是你最重要的客户。拥有这些联系人的私人手机号码可能让你感觉非常幸运，你可能和他们都面对面打过交道。通过他们，你可以访问到很多人，而他们愿意给你提供支持，你对他们也是如此。如果你需要帮助，这些人会乐于响应并提供帮助。例如，你可能有一个大的推广计划，需要其中一位朋友替你向他的所有粉丝发一条微博、写一篇博文，或者撰写一条书评。当你提出这个请求时，他们通常都会欣然答应。

根据你线上和线下的联系水平，你在这个圈子中可能只有少数几个人，也可能有 100 个或更多。你可以随时主动在线上或在线下联系这个圈子中的任何一个，也有可能将他们转移到内层的圈子。

(4) 相识

这可能是你实际认识的最大的人际圈。这个圈里包含你泛泛认识的每个人，包括在你的微博上出现的朋友的朋友。你的线上社交网络中的朋友/粉丝大多属于这个圈子。虽然你认识他们的名字和容貌，但对他们本身，你知之甚少。不过，你可以与他们做一些线上沟通，许多人可能关注了你的微博。如果他们打电话或者写信给你，你要知道他们是谁。你可能和其中一些人做过交易，他们甚至可能是你现在的客户。你不必在这个圈子中写出所有人的名字，但你肯定可以将一些关键的名字放在这里，然后估计下在这个圈子中总体会有多少人。你在任何时候都有可能在这个圈子中找到一个关键联系人，或者一个朋友。

(5) 整个社区

最外圈包含你还不认识的人——你的目标市场、潜在客户、你想加到自己线上社交网络的人以及其他人。在这个广阔的圈子里，会出现更多关键联系人、潜在的朋友，甚至一两个密友。

划分出自己的五个社交圈之后，现在该判断一下，你想将哪些人"升级"，哪些人"降级"。下面是一些升级的办法：

●主办社交活动——办一次商业聚会，或在家开一个派对——邀请关键联系人。

●确定在下一次商业活动中你要会晤的具体人士，并事先与他们私下里联系。或者考虑在商业活动的日程之外主持一个与其他活动不冲突的社交聚会，精心挑选几个参与者，以便更好地了解。

●主持一场免费的专业活动，在上面分享一些你的专业意见。可以邀请朋友、关键联系人以及相识的人。

●主持一场免费的网上研讨会，让整个社区更好地了解你，你也可以更好地了解社区。

●在你的微博粉丝中找出一些在其专业领域中"前途远大"的人，并主动帮助他们。正如盖伊·川崎所说："人人都有可能成为你的客户。"换句话讲，不要只与影响力人士和有庞大社交网络的人沟通并支持他们；相反，要平等对待每个人并支持他们，只有一个单纯的目的，就是向他们表达一定的善意。

●观察一些潜在的关键联系人的社交档案。对他们有更多的了解，找出与他们的兴趣有关的独特而有意义的礼物送给他们，以此来深化你们的关系。

●养成手写提示卡并每周给五个人发送的习惯——没有任何功利性，只是将线上世界带到有血有肉的线下世界的一个友好姿态。

五圈模式能够让你更有策略、更有意识地开展关系营销。但请记住，在打造关系的时候，一定要坚持不带功利之心，也不要期待回报。要相信互惠法则会自动激活，而事实也总是如此。但是，你的回报不一定是从你投入的人身上得来的。你只要向尽可能多的人展示并提供价值、帮助和服务即可，你在积累自己的"社会资产"，它会给你以回报。

建立忠实社区的四个步骤

如今，社交网站成为了当前商业世界的不可或缺部分，有无数的工具可以衡量你的影响力，如 Klout.com（Klout 是一家衡量用户在 Twitter、Facebook、Google+、Linkedin 等社交网络上影响力指数的创业公司）、Traackr.com（Traackr 是个人网络足迹统计平台）、Peerindex.com（Peerindx 是社交数据分析服务公司）。

如果你没有一个真正能够被你影响的人际关系网，你就很难成为影响力中心。拥有较大规模的关系网并不意味着就一定会有影响力。

下面是能帮助你建立人脉同时提高影响力的四个步骤。

(1) 建立一个高质量的网络

在你开始建立自己的网络形象时，你需要主动联系这些人：目标市场中的人；符合你理想客户条件的人；你真心仰慕并期望相识的人；你读过他的书、参加过他的研讨会、订阅过其博客的人；你愿意与之建立联系的人；你的同行；你的联系人；能为你提供方便分享的精选新闻、行业资源、独特内容等优秀来源的人。

很多企业经营者都想走捷径，有的人会求助于自动化系统来一次性增加数百甚至上千好友、粉丝，但问题在于你买不来忠实度。形成真正的网络社交资源需要一定的时间，所以，请先把精力集中在吸引更多高素质的人到你的网络，久而久之，数量自然会上升。

（2）提供高质量的内容

如果你能谨慎审核你精心挑选出的内容来源，并不断提供能将你的专业领域与其他人的内容相结合的精彩资料，你就能成为内容管理者。通过分享他人的内容，你一方面为自己的受众提供了更广泛的信息，另一方面也为自己增加了联系人。不论内容放在（或来自）Twitter、Facebook、博客还是新闻源，只要你提供或获得高质量的信息，其他人就能将你当成信息库——优秀的资源。

（3）保持一致性

要想持续提供有价值的内容，你需要采取频繁而一致的行动。提供信息的频率是至关重要的，这样，受众会形成一个从你那里可以看到和学到什么的预期。假设你完全通过 Facebook、Twitter、Linkedin、你的网站博客、YouTube 这样的社交网站来创建你的个人信息，而且平时会定期制作并分享高质量的内容，可是，出于某种原因，你突然消失了（可能因为工作上的项目或个人原因），并且连续 10 天你都没有发布任何内容。虽然你可以有一段时间不发表博客，但 Twitter 和 Facebook 上的受众通常只有一个非常短暂的记忆，如果你不能一直在他们面前出现，他们很快就会把你忘掉。所以，你的任务就是在他们脑中留下最深刻的印象，这样，不论他们在什么时候进入你所在的市场，他们首先想到的人都会是你。

你可以通过多种系统来实现定期更新，例如，可以利用 HootSuite.com（HootSuit 是社交媒体管理平台）设置自动定时更新。这样，即使你无法使用电脑，也会一直有内容发布。你也可以雇人（虚拟助理或内部员工）定期更新你的社交账户，还可以请他们管理你的账户并将任何活动都通知给你，以方便你及时回复问题和评论。

保持一致性所要做到的第二件事与品牌塑造有关。不要妄想坐在计算机前就能变成影响力中心并拥有一个能为你创造价值的关系网，你需要走出去，亲自去和人接触。你要让别人觉得，你本人与网上所建立的形象是一致的。这样，当他们见到你本人的时候，就会立刻产生熟悉的感觉。你的在线品牌和个人形象应该是统一的。

（4）真诚、可信赖、热情、关爱

这里连用了四个形容词，是因为这第四步是至关重要的一步。你必须关心别人，关心你的产品、服务和品牌，并尽量做到与众不同。这不仅适用于你与客户的关系，也适用于你与任何事情之间的关系。你必须承认万事万物都有联系，因为当你表现出真正的热情关怀时，它就超越了简单的交易关系。

2.微信群，一个不容错过的战场

想要做微信营销，就一定不能错过微信群。微信群就是群组，QQ群的营销模式，很多都可以在微信群进行，只需要变通一下即可。

微信群不仅有群聊功能，还给有相同兴趣爱好的人提供了一个互通有无的平台。

有人可能会说：为什么不去贴吧呢？偏偏在微信建立一个群，还要花这么大心思去交流、互动，有必要吗？

我们的确可以在贴吧上建立一个群组实现互动，但相较于贴吧，微信群有一个优势，就是可以在招募之前筛选一遍。我们可以通过群聊天的内容，通过微信朋友圈以往发布的分享以及名称等细节，去判断一个人基本的状态——他是一个乐观的人，还是一个悲观的人；是一个乐于助人的人，还是一个消极冷漠的人；甚至是他所处的社会地位、生活状况等，都能通过这些细节做出基本的判断。这样建立起来的群组，质量要比通过贴吧或其他渠道发个帖子随便招募队友要来得高。

在微信群领域，有一个非常成功的案列：K友汇。

K友汇的创始人叫管鹏，他是知名站长，皮皮精灵助理总裁，安徽炎黄网络科技有限公司创始人、副总经理。另外，他还是V5推推发起人、安徽省青年电商协会副秘书长、百度创业者俱乐部理事、安徽互联网联盟组织者、站长联合会发起者等。

K友汇的定位是管鹏的好友聚合，旨在开放分享聚合人脉。

K友汇成立之初，只是管鹏老K的个人好友群，因为其本人有过万微信好友，希望可以把好友资源和更多的K友分享，所以创建了这个聚合人脉的平台。

而K友汇的顾问团队则全部是互联网行业赫赫有名的人物。

因为定位精准，主旨自由，所以发展相当神速。截至目前，K友汇已经创建了15个300人微信大群，200多个城市以及十几个国外微信群，不仅如此，K友汇线下的聚会也在全国各地如火如荼地举办。

K友汇也衍生出了很多子品牌，像K友惠、K女郎、K公益、K学团等。

这就是通过微信群聚合在一起的联盟圈子，而且通过各种线下活动，让 K 友汇落地渗透。

咱们回过头来看看 K 友汇的迅猛发展。

第一，管鹏老 K 本来就是互联网界知名人物，号召力极强。

第二，微博时代，V5 推推的运营和推广在微信上再一次重现。

第三，顾问团队的强大。

第四，福利的发放，包括很难得到的小米 F 码、羽博移动电源对 K 友的优惠。为了发放福利，K 友汇专门成立了 K 友惠，福利足够诱人。

第五，线下活动。

第六，微信平台的属性：精准人脉聚合。

微信群绝对是一个不容错过的战场。想要做好微信群，有几个注意点：

（1）定位

定位很重要，要么是相同兴趣爱好，要么是人脉聚合。可学习 K 友汇的精准定位。

（2）价值

这个微信群究竟能给群成员带来多大的价值？他为什么要加入你的微信群？

（3）群规

一个微信群必须有一个人人都遵守的规则，违反规则的则选择淘汰。有了这样的筛选机制，就能将不遵守规则的人淘汰出局。连规则都不能遵守，留在群内也没有什么价值。

（4）运营

一个微信群能不能发展好，和组织者有莫大的关系。有了清晰的定位后，需要着重思考的就是如何运营它。

（5）落地

其实，一个微信群如果能实现落地，能实现的价值就会更大程度地体现出来。所以，线下的聚合对微信群的推动和活跃是非常重要的，而且，群内人脉资源也能借此更好地整合起来。

3.如何利用微信公众平台做营销

相比微博，微信有更强的粘性和沟通感觉，是一个私密纽带。那么，如何利用微信公众平台做微信营销呢？

目前，关注同一公众号（品牌）的用户之间并没有（社交）交集，人们关注，可能只是为了更直接地获得有用、有趣的信息。而对于公众账号，这个过程则是了解和接触特定目标群体的直接、便利的途径。微信最大的特点就是可以直接对话，目前，这种新的营销方式越来越受到人们的重视。

（1）内容为王，发展优质内容

微信的公众平台曾命名为"官号平台"和"媒体平台"，最终定位为"公众平台"，无疑让我们看到了微信对后续更大的期望。和新浪微博早期从明星战略着手不同，微信此时已经有了亿级的用户，挖掘自己用户的价值，为这个新的平台增加更优质的内容，创造更好的粘性，形成一个不一样的生态，是其平台发展初期更重要的方向。

（2）对平台的培育

登录微信平台，我们可以看到平台的公众认证账号主要有三个分类：阅读、媒体和明星。有趣的是，这种次序也体现了和平台命名相同的内涵。微信公众平台把"订阅",也就是内容类的品牌放到了第一位。我相信这同样不是无意之举——这种细节透露出了微信公众平台的"公众"取向的核心定位。

目前的微信公众号有两类,"认证账号"和普通的"公众账号"。任何人都可以注册微信公众号,但要申请认证则至少需要 1000 个人关注。这种对品牌的认证可以更好地在前期控制公众号的质量内容,在一个海量的开放平台,这种示范和培育对平台的发展无疑也是相当必要的。

(3) 品牌的传播

平台登录页面最底部的"我的品牌,上亿人看见"充分展示了微信对这个品牌平台的自信。

这里值得注意的是,微信可以借助个人关注页和朋友圈实现品牌的病毒式传播。每一个人的个人信息页都会出现所关注的品牌 logo。你的朋友在关注你的时候,也可以知道你的偏好和关注。当然,你也可以选择是否展示品牌。

(4) 去中心化的平台级创新

虽然在终端的呈现上,微信是一个交流的工具。但实质上,微信通过这个公众平台提供的是一个去中心化的平台。人们会更喜欢双向的沟通和交流。在这个平台上,任何人都可以发布信息,任何人都可以有自己的族群。你所需要的是自己的独特价值。这甚至和商业模式无关,因为无论媒体、商家、个体,无论大小品牌,都可以在同样的平台伸展。

(5) 利用微信公众平台营销,你需要知道的几点

第一,利用二维码的发布与订阅方式。

微信最重要的发布和订阅方式,是通过发布公众号的二维码,让微信用户随手扫描订阅。任何微信公众账号用户都能在设置中找到一个二维码,品牌 id 会放到二维码的中部。

第二,精准消息推送。

微信公众账号可以通过后台的用户分组和地域控制,实现精准的消息推送。

第三,富媒体的内容推送。

微信的普通公众账号可以群发文字、图片、语音三个类别的内容。而认证的账号有更高的权限,能推送更漂亮的图文信息。

第四,个人关系与公众关系的区分优化。

在推送的打扰方面,用户订阅增加可能也会增加这方面的困扰,所以,微信的版本升级后,将推送的声音提醒取消了,以便把私人信息和内容信息区分开来。而最重要的,恐怕还是内容和品牌的选择问题——人们会喜欢少量而精致的咨询,且随时可以离开。

(6) 微信公众账号营销的基础注意事项

第一,内容是做服务的。

对于微信营销而言,内容是做服务的。如何把内容做得大家都喜欢?如何不让粉丝流失?如何实现自然增加粉丝?想要解决这些问题,全靠内容的运营。而内容不单单是文字,图片、语音、视频等都可以是内容的组成部分。

第二,微信主题的确立。

首先,我们需要确立微信主题,这是企业微信营销的根本所在,也是体现与同行差异的关键点。对于企业而言,一定要摆脱微博营销的影响,不要直接用企业的名称作为微信号,要在内容和功能上进行品牌化的传播,因为微信营销的宗旨就是让企业的目标人群依赖于己。

当然,企业进行微信营销的时候会维护一些"辅助"的微信号,这些号的作用除了经营粉丝外,更加重要的是传播企业的品牌。

第三,微信是企业的天下。

微信公众平台上曾经有很多和微博时期一样的草根大号,他们都是以内容为王的，但这些号已经纷纷被封掉了。而随着微信公众平台端口的不断开放，企业应该已经很明白了，微信就是为企业服务的。

第四，微信营销不是单一的推广工具。

微信营销不是单一的推广工具，而是一个综合性极强的营销利器，企业在推广自己的微信公众账号时要做到全面推广，要针对自己的目标人群、精准人群。

第五，嵌入式的营销客服方式和普通账号配合。

微信营销的嵌入式是指企业在进行微信营销的时候，在内容和功能端口上进行设置，使得粉丝在进行自主互动时，企业已经完成对其的营销。举一个例子，在某医院的微信公众账号上，有相关自定义回复的内容，如粉丝输入"2"就可以查看有关肝炎的内容。这样，当粉丝在后台输入"2"的时候，医院已经知道了这个粉丝的需求点，之后就可以和该粉丝针对需求点进行客服互动。

如果粉丝直接输入相关文字、语音等内容，那么需求点就更加明显了。这里很重要的一点是，企业在进行网络营销的时候都习惯于以获得咨询人的需求和联系方式为目的，而在微信营销上，企业是先获得了联系方式和需求点再咨询。这点非常重要，很多企业都没有意识到。

4.餐饮行业微信营销全攻略

对餐饮营销管理来说，让顾客满意是十分重要的。设想，营销人员通过各种方式不断招来顾客，而餐饮却因为服务问题造成顾客的不断流失，一锤子买卖必将使餐饮走向衰退，因为招来的顾客越多，流失得也越快。

（1）消费费者是最好的导向

顾客是最好的老师，餐饮营销者要不断地主动收集顾客的意见或建议，因为一般情况下，顾客是不会主动诉说的，他们往往只会在十分满意或十分气愤的情况下才会表扬或投诉餐饮。所以，营销管理者要设法通过多种渠道调查和预测顾客的需求，获取顾客的反馈。如：在顾客办理退房手续时，请顾客填写意见表；设立互动式的网站与顾客进行交流；宾客关系经理主动拜访住店顾客；销售人员跟踪服务等。

目前还有相当一部分餐饮的营销管理停留在简单的推销或低级的削价手段上。餐饮若缺乏正确的营销观念作为经营指导，就很难在竞争激烈的市场中取得胜利。现代餐饮市场竞争激烈，包打天下的餐饮企业已经失去了立足的根本，要想生存下去，就必须有目的地屏蔽市场，划分势力范围，建立自己的根据地。小企业是这样，大企业同样如此，因为选错目标市场导致餐饮企业一败涂地的例子实在是不胜枚举。

（2）分享和朋友之间推荐的营销模式

随着社交媒体、SNS 社区、O2O 的出现，以"粉丝"、"会员"、"达人"分享和朋友之间的推荐的营销模式逐渐形成。因为餐厅有地域性的限制，所以餐厅适合微信、微博等社会化的营销模式。

餐厅许可式的主动推送信息模式：餐厅在自己的公众账号上推送餐厅动态、美食、服务信息或打折优惠信息，就像餐厅的海报。通过微信与用户沟通交流最新讯息，方便快捷、成本低。因为餐厅是接触度和体验度都相当高的行业，如果能花时间跟粉丝聊聊天，拉近餐厅与用户的距离，宣传的效果会更好。

微信漂流瓶营销模式：娱乐餐饮是未来餐厅发展的一个趋势。利用"漂流瓶"本身可以发送不同的文字内容，甚至是语音、小游戏等，让顾客还没有进入餐厅就开始体验餐厅带来的快乐，并能通过网络或微信方式联系对接上目标客户，将关键字拼成宣传语，实现餐厅对消费者的消费引导。

LBS+信息推送模式：餐厅首先要申请微信认证账号，提高账号的权威性和可信度，然后在个性签名中输入餐厅信息、打折优惠或能够吸引用户点击进入餐厅微信主页的简短话语等（如菜系、特色菜、优惠券等），在用户查看"附近的人"时第一时间引起他们的注意，实现精准投放。

(3) 特色美食分享

美食微信分享模式：分享与链接是互联网传媒的重要通路，更是人之本性使然。应用开发者可通过微信开放接口接入第三方应用，将餐厅的 logo 放入微信附件栏中，让微信用户方便地调用第三方应用进行内容选择与分享。利用微信与朋友分享吃到的美食，分享餐厅优惠等。

餐厅微信摇一摇活动模式：餐厅通过摇一摇微信，与网友约定不同时段开始摇手机，只要网友被餐厅微信摇到，并加餐厅微信关注，就可以得到奖品或得到优惠。奖项设置可以激发网友参与的热情和积极性。

(4) 建立自己的粉丝圈子，发展达人经济

餐厅朋友圈营销：餐厅可以通过运营人员的微信平台，将餐厅的精彩信息介绍、优惠活动或餐饮品牌推广软文分享到朋友圈中，推广内容支持以网页链接的方式打开。餐厅通过及时更新和分享用户希望了解的信息或能够取得用户好感的相关内容，既可以赢得品牌口碑，吸引新用户关注餐厅和产品，又可以增强忠实用户的粘性，减少用户流失数。微信用户在没有关注该餐饮品牌或餐厅公众账号的情况下，仍然能够通过朋友圈看到该餐厅最新信息的链接，这样可以为餐厅赢得新用户提供有效的通路。

餐厅微信客服窗口：微信庞大的用户群和随时随地的特点为餐厅打开了一个新鲜的客服窗口，即餐厅微信客服（特别是 24 小时餐厅）。餐厅在进入微信的第一时间就要建立餐厅的微信客服官方认证账号，利用微信全天、及时等特性，提供咨询、优惠券下载、餐饮介绍、订餐等项目，提高用户的餐厅体验和餐饮品牌的影响力。

（5）可以在这样的特色美食上带上二维码

餐厅扫一扫加会员：微信"扫一扫"是链接餐厅官方微信和用户的便捷通路。用户只需用手机微信中的"扫一扫"功能扫描餐厅独有的二维码，就能获得一张存储于微信中的电子会员卡，可享受餐厅提供的会员折扣、餐品信息、活动介绍和服务。

餐厅陪聊模式：利用微信点对点的沟通功能，以餐厅（美食、特色菜、特色服务等）形象为蓝本，勾勒出有趣可爱的餐厅卡通形象，与用户进行交流互动，语言要幽默诙谐，旨在与用户趣味沟通，增加用户的好感和粘性。

微信危机公关：危机公关无处不在，餐饮属于体验性服务经济，面对形形色色的顾客，再加上中国餐饮口味为最的实际情况，面对上亿用户，不满意情绪会在短时间内迅速膨胀扩张。及时回复和发表观点、摆明态度通过微信向规模用户的信息群发能力，可谓一举两得。

微信伪公关模式：微信是点对点的精准营销，运营不当会迅速流失用户，甚至给餐厅造成负面影响。不过有的餐厅却能利用微信这一特点取得不错效果，不过友情提示此招慎用，稍一拿捏不好就会后患无穷。

（6）每个餐厅都要有自己的招牌菜

餐厅微信代言人：微信信息以订阅模式出现，意味着用户希望在这里获得比自己更专业、更全面的视角、观点，原始事实要经过整合再输出。餐厅可以根据自身特点推出专家级个人账号，该账号发送与餐厅相关的信息（美食信息、服务特色、餐饮亮点等内容），不直接推送品牌信息，做成隐性广告模式，不会让用户产生反感，却能更好地宣传品牌，增强用户粘度。

餐厅微刊"多媒体式"推广：微刊是餐厅信息的载体，是与用户产生互动的话题来源，是用户知晓餐厅理念、了解餐饮品牌的平台。因此，做好微刊对餐厅来说是很重要的环节。餐厅利用微信的功能和特点，结合图文、视频、音频推出自己的微刊，实现微刊多元化，牢牢抓住粉丝的眼球并产生用户粘性。

（7）名菜名店不可忽视

餐厅关键字搜索：微信关键字搜索模式将营销由被动变为主动，用户关注微信号并发送需求关键词，便可获取想要的信息。与百度搜索不同的是，微信关键词搜索更专业、精准、细致，并且转化率更高。餐厅关键词设置一般要有餐厅位置、菜系、特色菜品、优惠信息等内容。

餐厅搜索引擎优化：随着微信信息的海量注入，用户必然再度面临信息选择的困境。搜索引擎优化将成为微信营销模式中的关键环节，例如认证账号一般会排在非认证账号的前面。虽然现在还没有成熟的微信搜索引擎排名方式和算法，但在未来，随着微信的逐渐完善，搜索引擎排名规则会日趋明朗，商家在搜索引擎的排名上也会展开激烈的争夺。

（8）搜索平台

餐厅垂直微信搜索平台：微信入口搜索将成为微信营销中的关键环节，垂直平台推出的平台内搜索和推荐也将成为微信营销的重要探索。餐饮—菜系—名菜、餐厅—特色菜—口味、餐厅—地址—消费水平等垂直模式可以引为参考。

餐厅微信流量导入：微信流量导入有多种方式，从导入流量的目标上来看，流量可以导入官网、导入商城、导入微博、导入自身微信等；从导入的形式上来看，可以二维码导入、账号导入、分享导入等；从导入策略上而言，可以采取常规信息式、话题式、活动式、内容式、促销式、咨询式、原文营销等。

餐厅微信交易模式：餐厅这个模式是非常难实现的，因为受消费习惯的影响，后付费模式是中式餐厅的惯例。但热门餐厅的等位、消费现金交易的不便、信用卡消费步骤的繁琐等因素，或许能让餐厅微信交易模式迎来新的曙光，但在此之前，要先解决退费、费用存储安全性等问题。

(9) 线上线下整合营销

餐厅微信—微博—SNS 社区互动营销：企业营销手段越来越多元化，微博、微信、SNS 社区、传统媒体等都是企业营销的主战场。营销手段和渠道的整合是未来营销的大趋势。餐厅（特别是连锁性质的餐饮）用好微博、微信、SNS 社区三种营销渠道，相互结合、互动，移动端和 PC 端产生良性结合，不仅可以提升用户体验，还可以增加自身品牌的知名度和美誉度。

餐厅微信营销矩阵模式：微信营销矩阵模式其实就是：其一，"以客户为中心"；其二，立体营销。餐厅可以根据自己的特色、价位、地点、品牌等诸多因素进行设置，让用户在微信公众账号输入"餐饮信息"后能看到餐厅圈子、微刊等相应产品，然后根据自己的需要进行选取。

餐厅微信 O2O 模式：微信的成功在于能够非常细心地把握住现代消费人群的心理。他们是生活在现实世界的互联网使用者，"现实世界"和"虚拟世界"这两个元素将他们一网打尽。餐厅通过微信平台与顾客在线上交流，同时，这些意见在线下的实体店消费中将得到体现。

总之，顾客的满意度是餐饮赖以生存的基础，营销管理者要统计顾客的满意情况，测算顾客满意率，同时要将本餐饮的顾客满意率与竞争对手相比较。

只有保持较高的顾客满意率，餐饮才能获得满意的收益，才能保持长期发展的后劲。微信的出现更好地实现了精准营销，实现了餐厅对顾客的一对多服务。实现微信O2O能让更多的人从消费者变成回头客，从回头客变成常来客，从常来客变成忠诚的粉丝，忠诚的粉丝通过自己的实际体验向朋友推荐，实现口碑营销。

5.旅游行业的微信营销怎么操作

作为旅游行业，该如何把握微信风潮，利用微信做好营销呢？

(1) 让游客即时有效地得到旅行信息，宣传更具针对性

在微信公众账号中，将各个景区地点等信息全部整理好，做成自动回复的模式是目前看来最为有效方便的一种方式。可不要小看了互动，就有很多旅游同行通过自动回复成功引导游客实现了旅游产品的预订。在互动中，粉丝们常会试探性地发一些话来"挑逗"公众账号，这时比的就是谁更会卖萌了，给用户最好的体验度是首要任务。在微信上，与粉丝之间的互动能够拉近商家和顾客之间的距离，既不会像电话营销那样受专业术语的束缚，又不会像E-mail营销那样枯燥无味，并且没有任何回应。在此互动中，可以收集到用户可能会问到的关键词，并将其做成规则以及菜单，引导用户去查询，这样能让用户更快速便捷地查询到自己想要的信息。给用户以方便，就是给自己方便。

(2) 让用户可进入站点查看完整信息，更具有诱惑力

在推荐的文章下，适当的在结尾放入线路报价并附加该线路的购买网址，让用户在不知不觉中被引导过来。是不是很方便呢？但微信公众平台目前有一个弊端，就是发布过的文章只能通过主页—查看历史消息来获取内容，操作繁杂且体验不好。粉丝不能简单地看到发布的文章，无疑降低了粉丝对账号的兴趣和忠诚度。旅游本身是一个体验之旅，风景永远不会过时，美文永远不应沉睡。这时就可以借助第三方平台来为旅游品牌提供更加人性化的服务，发布美文、文章分类、内容沉淀，无论是电脑端还是移动端，即使是跨屏也能给粉丝带来完美的体验。

(3) 让发布的内容形式变得多样化、趣味化，吸引粉丝的关注

如何让微信公众号更有号召力和知名度？四个字——"内容为王"。但内容不仅仅限于文章、图片等，一个好的活动也属于内容的范畴。想去一个地方，却迟迟没有成行。如果微信上每天都收到这个目的地推送的诗一样的介绍、震撼级的图片，还有隔三岔五的优惠券、好活动，那迟早有一天，粉丝会"忍无可忍"地上路。

在这里建议旅行社可以发起活动大幅度鼓励消费者使用公众账号来报名参团，每个团结束之后还可以通过调查问卷的活动方式让消费者通过微信填写意见反馈，评价旅游企业、领队和导游，当然，路线、住宿等方面也可以评价，而不是像以前那样只能打电话投诉，投诉了之后还不一定能够解决问题。

此外，消费者们可以通过公众账号发布自己此次旅行的感受、游记或美照，公众账号通过收集整理之后群发给订阅用户。只有越有趣越新鲜或是越便利越有内容的公众账号，才能够获得消费者的持续青睐，而不仅仅只是通过发布旅游资讯、景点介绍这一种方式与用户沟通。

6.娱乐行业怎么进入微信的"营销盛宴"

对于不少企业来说，微信所带来的无疑是一场营销盛宴。看见满大街的二维码，看见别的企业各种微信平台的运用，酒吧、KTV 等娱乐行业的老板应该怎么抓住微信营销这个平台进行宣传呢？

深圳 IKK 是一家专注于高层次健康休闲娱乐领域的民营投资公司，秉承着时尚、健康、个性的文化理念，以深圳市宝安区为核心市场，目前已在西乡坪洲、固戍、臣田、前进路成立了 4 家量贩 KTV。公司老板了解了微信营销的价值后，开始在"微云端"的大力支持下试水微信营销，用户可以通过微信直接进行包房预订，充值消费，配合优惠券、刮刮乐、大转盘、会员卡等线上线下营销策略，增加了用户的粘着度，提高了 KTV 的盈利点。微信营销平台上线不到一个月，粉丝数就突破了一万人。老板感言："微云端是一款优秀的微信营销工具，为我们 IKK 吸引了很多好奇的目光，平台上线的第一天，因为刮刮乐一项，就增加了 1000 多粉丝。这些人因为好奇而来尝试，最终变成了 IKK 的客户，变成了帮助 IKK 传播口碑的常客！"

王小姐是杭州某 KTV 的会员，也顺理成章地关注了这家 KTV 的微信。前段时间，她收到了一段语音，打开一听，竟然是自己喜欢的某歌星的语音祝福。"很激动啊，第一次收到这样的祝福，很新鲜。"之后，王小姐还参加了该 KTV 在微信上举办的卡拉 OK 大赛，把自己唱的歌上传上去，可以分享，也可以参加评选。"感觉挺好玩的，以前只是把 KTV 当作单纯的消费场所，但现在感觉像是可以和我一起玩的一个朋友。"王小姐说。

对于 KTV、酒吧等娱乐会所来说，微信营销由于高到达率、高曝光率、高接受率、高精准度、高便利性等特点，在这类行业中具有极高的性价比：第一，现在已有多家酒吧使用微博大屏幕，但使用微博不如使用微信可以累积更多用户；第二，利用微信的抽奖和陪聊功能，可以让现场人员更多地参与到活动中来；第三，酒吧利用各种宣传来实现会员累计，为后期的图文信息发送打下了基础。

针对酒吧订制，微信的功能有：

（1）会员加入微信后，回复昵称来显示其用户名。

（2）回复第一张图片为其头像，回复第二张图片为现场照片。

（3）直接提交内容：XX 酒吧＃内容，显示为微信大屏幕内容。

（4）回复抽奖可以参与当天晚上的抽奖活动，中奖奖品到前台领取。

（5）回复活动，可以获得近期活动信息。

（6）回复地址，可以查看最近的酒吧分店。

（7）回复笑话，可以查看最近的酒吧笑话。

（8）回复陪聊，可以使用机器人陪你聊天解闷。

（9）回复图片，可以查看近期上传的图片。

（10）回复上传，指导你上传最新自拍照片。

（11）每周一次酒吧新闻速递。

亮点：

（1）结合微信，可以让更多人实现订阅。

（2）结合微信大屏幕，可以将更多内容（文字或图片）显示在大屏幕上。

（3）结合微信大屏幕抽奖活动，可以定时抽奖，让更多用户来参与。

（4）结合微信自玩的抽奖活动，可以让用户自主玩乐。

7.快消品行业如何做微信营销

快消品作为人们日常生活最贴近的消费品，其实也是最适合做微信营销的，那么，快消品该如何做微信营销呢？

有这样一个微信营销的案例，这个案例可以让我们看到，爱思考、勤行动的人，是有很大机会走上成功之路的。

"@糯米酒先生"来自厦门，顾名思义是位酿造糯米酒的先生，其酒坊坐落在福建永定县下洋镇廖陂村东兴楼，特点是采用传统纯手工工艺酿造客家土楼糯米酒，而永定的客家土楼早已闻名遐迩，我们并不陌生。

很难想象这位来自客家土楼的先生，早在2013年8月份就申请了微信公共账号，名称叫"客家土楼糯米酒"，在半年多的时间里，他边摸索边积累，获得了初步成功。

来看看他的成绩单：截至2014年年初，公共账号已有两万多名粉丝，每月有近5万的销售额，糯米酒定价60元/斤，多数客户一次性会购买5~10斤，因此，每单价格在300~600元不等。

短短数月便取得如此傲人成绩，他是怎么做到的？

微博和微信的差异

我们可以这么粗略地理解：微博就像农村里的大喇叭，广而告之，但你不一定在家，所以常常听不到；即使你在家，也许正在专注地看电视，喇叭里的声音再大也吸引不了你的注意，因此，宣传效果如同散弹打鸟。而微信更像是一对一的电话营销，效果类似"狙击"，信息可精准传达到个人。

正是基于这一点，"@糯米酒先生"从开始便放弃了微博阵地，而直接把战略放在了微信上，如果不经过认真的思考和对比，是不可能做到这个选择的，更何况 2013 年 8 月时"公共账号"并没有现在这么火，所谓先下手为强。

微信的粉丝更忠诚。如果李开复在微博里公布自己的公共账号，凭借千万级别的粉丝量，能很快抓取数十万甚至上百万的粉丝，但这些粉丝需要完成"搬家"动作，愿意过去的一定是更加忠诚的粉丝或叫"铁粉"。对于大部分人来说，除非这个账号能提供不一样的价值（资讯），否则，没人会擅自去关注一个公共账号。

公共账号是一个更精准、更认真、更专业的互动平台，却缺少一个粉丝增长的内生机制，故获取粉丝的能力要比微博差很多。

之所以谈到以上几点差异，是因为这些差异会直接影响到你获取粉丝及沟通信息的方式。

如何获取第一批粉丝

我们都知道，第一批粉丝比较难以获得，有不少"微博达人"为了吸引关注，先给账号买几车皮"僵粉"做引子，有的僵粉率甚至高达 90% 以上，不明真相的过客很容易被吸引过去"关注"。

但这招在微信里却行不通。微信缺少粉丝增长的内生机制，即我和你可以有效互通，但我和你的粉丝很难发生关系，因此，微信粉丝的获取更多需要借助其他媒介或渠道。

如果你是微博里的大 V，本身坐拥数十万甚至数百万粉丝，只需在微博里公布自己的账号便可，第一批粉丝会很容易获得。但多数人并没有如此大的影响力，难以靠粉丝"搬家"获得增量。

"@糯米酒先生"酿造的糯米酒定价是 60 元/斤，无论是品质还是价值，同市场上 20~30 元的米酒都有很大差异，因此，知道自己的客户是谁、在哪里非常重要。

为了锁定目标群体，并让他们成为粉丝，他是这么做的：

首先，他花了些时间调查厦门当地的高端厨房、橱柜企业及其店铺信息，最终锁定了10个大品牌和20个中端品牌。

之后，他精挑细选了一些店铺，和同事用了近半年的时间深入到每家门店现场互动"拉粉"。

我们都知道，闲逛高端厨房橱柜的人多数是有点经济实力的小夫妻，他们要么将要结婚，要么准备换新房，更重要的是，这个场合更适合搭讪。如果是在超市里，人更多，环境更嘈杂，人们是没有耐心停下来听你讲故事的。

接下来，他们根据自己的判断，一旦遇到合适的客户，便会走过去主动搭讪，并递上印有二维码的名片，当场邀请客人关注。微信公共账号的私密性较强，一般不用担心泄露隐私，因此多数人都不会拒绝。

最后，"@糯米酒先生"便施展攻心术，提出免费邮寄一瓶给客户试喝，如果客户同意，那他就能获得客户的第一手信息，他们会根据实际情况适度开展电话回访，进一步获得情感上的认可，最终取得客户信任。

从消费心理学上理解，只要消费者接受了你的试喝邀请，最终通常都会成为你的客户，只是时间问题。如此反复坚持，他们最终获得了400多位忠实客户，并在公共账号上建立了互动关系。

如何达成粉丝的量变

第一批粉丝到手后，你的信心一定会大涨，剩下的工作就是继续广而告之。

"@糯米酒先生"从不放过任何一个曝光自己账号的机会。当客户来电咨询时，他会直接告知账号，邀请客户关注，当然还有"利诱"的引导，诸如折扣、抽奖或线下体验等。同时，所有产品的标签上都有二维码接口，一样是"利诱"客户关注。

当然，罗马建成也非一朝一夕，获取粉丝本质上也是一种有技术含量的曝光行为，充分利用好每次曝光机会定会有收获，只是执行中也要学会总结并不断完善。

还有更多曝光方式，比如DM单、展会等，更吃力点的是利用微信里的"附近的人"功能，筛选附近的目标群体，加他为好友，然后邀请其关注公共账号。

如何营销自己

第一，线上内容。

"@糯米酒先生"并不着急在微信里做硬推销，他说的很实在："没有必要刻意推销产品，更重要的是沟通交流。"因此，除了常规的酒文化介绍、酿造工艺等，他还会针对性地介绍糯米酒的喝法、功效、保健知识等。面对客户提出的各种问题，他们会组织专人一一解答。内容本身所涉及的话题可以从就延伸到生活、家庭等各方面。

第二，线下活动。

他们会不定期组织线下体验活动，召集大家到客家土楼的酿造基地监督、考察，这也是调动粉丝参与的一种方式。试想，在一个天气晴朗的周末，小夫妻带着孩子去体验客家土楼文化，了解传统酿酒工艺，也是不错的亲子体验。在活动结束后，客户或多或少都会买些产品带回家，真是一举两得。

微信不仅仅是媒体平台，同时也是销售平台，或者是CRM客户关系管理平台，这里面有巨大想象空间。

这里为大家分析了三种微信运营案例，值得快消品借鉴。

(1) 陪聊式营销

飘柔在快消品品牌中也运用了陪聊式微信营销，并且做得比较成功。

首先，飘柔在微信中以"小飘"自称，关注飘柔后，用户会发现"小飘"不仅能陪聊，还能唱歌，甚至提供星座运程指导。不过，虽然这种私密聊天的需求很受用户的欢迎，但随着用户的数量增多，就需要更多的专职人员来进行维护，当人员不足的时候，就有可能影响收听者的体验。

(2) 客服式营销

提到客服式营销，就不得不说蒙牛。虽然蒙牛的微信公众账号名称为"蒙牛乳业"，但从内容上来看，却是做微信客服的，主要意义就在于与消费者沟通，回答消费者的一些疑问。关注蒙牛乳业微信后，可以看到其下方有三块内容：对话备忘、焦点提问和牛奶君说。这三块内容部分起到了品牌的传播作用，值得注意的是，点开"对话备忘"中的"历史遗留问题"，便可了解蒙牛过往的产品问题。主动正视过往的问题，这一点还是比较难得的。品牌微信做客服的好处有两个，一是不骚扰，二是可以在封闭空间内解决产品问题。

(3) 促销式营销

在所有促销式微信营销中，做得最好的是星巴克。不少人关注星巴克，是因为能收到星巴克的优惠券和优惠信息，在一定程度上完成了品牌传播的任务。星巴克的优惠信息内容不是生硬的告知，而是运用社会化营销方式：精美的海报、与时事结合、关爱般的文案都使它的促销信息看起来不那么生硬。

如果说促销式营销满足了客户最直接的优惠需求，那么陪聊式微信营销就是满足了收听者沟通的需求，客服式微信营销就是满足了用户希望解决问题的需要。不同的品牌面对不同的用户需要有不同的微信营销策略。

8.传统企业如何把握微信营销重点

一个摄影服务商家搞活动下了 2 万重本送奖品，为公众平台输送了 4000 个订阅用户。从某个角度来看，成本一点都不低，而最后的成绩也不能算太差。但操盘手需要理清楚，实施微信营销的预期是什么？活动所带来的人有无转化价值？后期该如何进一步营销？下一次的活动该如何做？还是有不少商家摆脱不了做大公众账号、辐射越来越多的目标客户这种传统思维。一次推送就相当于群发短信，省时省力的同时也不会受到手机安全软件的拦截，简直就是短信平台的升级版。但我们要清楚，微信营销的重点不在推广，而在运营。

运营涉及的方面比较多，首先从公众账号的定位上来讲，公众账号需要提供一个值得客户去持续关注的理由，其实就是服务。

服务再进行细分，可以是一个客户自助工具，也可以是一条帮客户解决问题的途径。比如，一个销售袜子的商家想要进行微信营销，按照传统的思维，通过推广吸引足够的订阅用户之后，下一步就是不断推送软广或硬广进行销售。如果真的这么做，你就会发现，订阅用户根本不需要去关注一个只会卖袜子的公众账号，卖袜子的地方线上线下一大把，用户需要的事公众账号能为自己解决问题。回归营销本质，销售就是为了满足需求，当满足需求的方式太多的时候，客户就需要更便捷、更实惠、更有保障的方式。所以，在此建议采用每月订购的商业模式，服务一些白领及商务人士。这样就突出了公众账号定位的个性。不过，有了区别于竞争对手的做法不代表可以一劳永逸，不断完善细节和创新才能够防御模仿。

品牌之所以能够成为品牌，就是因为从物质及精神上满足了客户的需求。质量高和售后好，虚荣心和从众心理，品牌有了个性再结合以上多个维度的需求，剩下的就是培育。传统商家做好了公众账号的定位之后，名称上已经表明了身份，那么，内容上就要不断去告诉订阅用户你存在的价值。

虽然内容始终没法脱离自己的产品或服务，但要将自己的产品或服务巧妙地融入到各种内容创新中，其中也包括互动环节设置。

再拿卖袜子为例，如果推出一个有创新点的互动游戏，不仅能借此推广引来更多有效关注，还能稳固现有订阅用户的关系。总的来说，主动去推销产品和服务让客户知晓并不是重点，重点是让客户自己去发现你的产品和服务，让客户去证实，从而去购买体验，再进行分享。整个流程就是一个游戏，策划游戏时要站在订阅用户的位置考虑问题，确定好细节之后，借势或造势去实施到位。是游戏就难免会有 Bug（漏洞），会出现差错，一在不了解自己的客户，二在不了解自己的订阅用户。因此，策划游戏之前需要沟通了解。

可喜的是，传统商家与微信的接触将不断深入，现在说的重点将不再是重点，而玩法也会层出不穷。传统企业做微信，要这样把握重点：

第一步：调整心态

做微信营销必须要有教主心态，一旦企业决定做微信营销，整个企业都要有这种心态。当然，习惯了传统营销方式的企业很难一下子改变整个观念，但有一点可以做到，那就是企业内部所有人要知道自己的微信公众平台能给企业带来什么，能给目标人群提供哪些服务。

首先，微信公众平台是一个综合性的平台，企业能在微信上完成从市场调研、客服咨询到销售等所有工作，各个环节都能在微信上获得帮助。有了这个心态，明白了这一点，企业就可以进行微信营销了。

第二步：确定重点

这里说的确定重点是指确定企业的微信公众账号上要有哪些功能，有哪些内容的展示。

比如，有些企业的微信公众账号每天向所有新老顾客推送一条美女播报的天气预报和最新资讯评论，一些培训学校的微信公众账号有翻译功能，一些制造业的微信公众账号有股票查询功能，一些美容院的账号有星座运势和皮肤指数查询功能。

上面这些都是一些小功能，相比之下，招商银行的查余额、星巴克的自然醒等功能就个性化多了，这些都是针对自己的定制化功能。

以上讲的是功能，而内容方面就更加好说了。粉丝想看什么内容就给他们什么内容，输入什么命令就给予相应的内容。比如粉丝输入"你好"可以看到企业的介绍，输入"联系方式"可以查看企业的联系方式和地址，输入企业的一些部门可以查看相关部门的介绍，还有获奖、资质等命令和对应的内容页面等。

这些功能和内容的重点是，我们的目标人群需要什么，怎么能让他们依赖于企业。

第三步：先把老客户加进来

微信公众平台最大的一个好处就是经营客户，或者说经营粉丝。很多企业说经营一个老客户比获取新客户重要得多，以前维护老客户需要的成本非常大，而且非常复杂和麻烦，有了微信就不一样了，因为功能和内容就是以他们的喜好来设定的，同时，每天的群发又对他们进行了强制的推送，所以微信是目前经营老客户最好的利器。

经营老客户是微信营销的重要工作，因为由老客户进行企业公众账号的推荐都是具有极高转换率的，所能带来的新客户也是极为精准的人群。

第四步：全面推广

微信公众账号的推广一定是全面的推广，微信能给企业完成从市场调研到客服销售的所有工作。所以，企业要全面推广自己的微信账号，能展示二维码的地方展示二维码，能推荐的地方推荐，能进行账号域名推荐的就进行账号域名推荐，总之，越全面越好。

第六章

从消费者心理，
看如何做好 APP 营销

1.APP 渐成移动营销新渠道

APP 是英文 Application 的简称，特指智能手机的第三方应用程序。2012 年，美国发布过一组关于智能手机的数据：相比 2011 年，2012 年智能手机占手机总量的比例从 38% 涨到了 50%，安卓与 iOS 系统的用户从 3800 万涨到了 8400 万，与之相呼应的是，手机用户花在 APP 和网络上的时间，从 73% 涨到了 81%，用户平均下载并长期使用的 APP 数量从 32 个涨到了 41 个。

我们是否已经进入 APP 时代还不能妄下断言，但随着智能手机的发展，手机 APP 已渐渐成为移动互联网营销传播的新渠道，这是不争的事实。

廿一客食品有限公司旗下的高端蛋糕品牌 21cake 除了持续给消费

者提供视觉与味觉上的冲击外，还与时俱进地推出了自己的APP，掀开了蛋糕行业营销的新篇章。

蛋糕行业的发展经历了三个主要阶段，首先是传统的门店零售，通过传单、口碑等方式将顾客吸引到门店消费；其次是电商，顾客在网上下单，门店送货上门；而最新的趋势就是APP模式，让顾客通过APP，通过移动互联网，随时随地下单，享受美味的蛋糕。而21cake正是蛋糕行业发展第三阶段的代表品牌。

据不完全统计，我国的中高端蛋糕市场规模超过50亿人民币，诸多豪强都觊觎这块大蛋糕许久，并暗中发力。21cake之所以能走在行业前头，是因为他们一早就瞄准了电商这条路。21cake开创了"无铺面、零库存、网络销售、电话订购"的模式，积累了庞大的互联网顾客数量。在这个基础上再推行APP营销，就事半功倍了。

21cakeAPP为顾客提供了诸多实用功能，包括：蛋糕选购、明星产品推荐、在线下单，以及与该APP互动等。在导购环节，21cakeAPP提供了三种分类方式：按照自己或亲朋的口味进行选择；按照食用人群，如老人、小孩等进行查找；按照销量进行选择，即21cakeAPP推荐的明星产品。

除了这些，顾客还可以通过21cakeAPP记下重要的纪念日，也可以在纪念日晒单秀幸福。为此，21cakeAPP提供了与微博绑定的功能。

21cakeAPP的成功几乎是必然的，相比传统门店和电商，APP的移动优势显而易见。APP帮助顾客摆脱了空间的限制，让他们随时随地可以享受到美味的蛋糕，从而大大提升了消费体验。

当然，21cake值得我们借鉴的并不只是创意和远见，还有他们的优质配套服务。从顾客在APP上下单到配送上门，21cake能做到每个小时的时间都被充分利用到。通常，顾客只要等待5个小时左右，就能品尝到21cake送上门的优质蛋糕。这个时间既保证满足了顾客的需要，也充分保持了蛋糕的口感。很多人评价 21cake 的配送道："不早不晚，就是在那最好吃的一刻送到了！"

　　手机 APP 营销之于传统营销是如此不同，它不需要铺天盖地的广告，也不需要规模庞大的销售人员，却能做到传统营销无法做到的事。如果一个企业的 APP 拥有 100 万的装机用户，那就相当于这个企业可以同时对 100 万潜在消费者进行 24 小时无休的品牌推广和广告宣传——以不同于传统广告的方式。这对传统营销人员来说，简直就是做梦。同时，由于现在很多 APP 在安装时附带的"获取手机地理位置""获取通讯录好友信息"等硬性设定，企业还能完整地掌握这 100 万用户的行为习惯和社交状况，精确到他每天的位置变化。这样详细的用户资料再配上大数据的云计算，对企业营销重点及方式等策略的制定实在太有指导意义了。更进一步，如果你的 APP 还拥有支付功能，那整个营销流程就更加完美了。

　　我们看到，从接触顾客到吸引顾客再到黏住顾客，甚至管理顾客、发起促销，再到最终完成销售，整个营销过程都只需要 APP 这一个小小的端口。这种营销能力实在是太诱人了，难怪百分通联 CEO 张福连在 2011 年中国移动全球开发者大会上表示："APP 是移动互联网的活跃因子，是移动互联网产业的新鲜血液，更是移动整合营销服务中的核心要素，新型的整合了各种移动互联网先进技术和推广手段的移动营销方案，首先离不开的即是 APP 的牵线搭桥。"

2.APP 营销的基础攻略

2011 年开始，苹果在全球引起的浪潮让越来越多的企业认识到移动 APP 的重要性，企业 APP 营销对于企业的作用进一步受到关注，越来越多的企业以各种形式参与到 APP 营销的洪流当中。技术的变革带来了商业营销模式的重大变革。

通常来说，APP 营销是指通过特制手机、社区、SNS 等平台上运行的应用程序来展开的营销活动，它是整个移动营销的核心版块，是移动互联网时代企业和消费者之间形成消费关系的重要渠道，更是连接线上线下的天然枢纽。企业在进行 APP 营销时，只有准确把握用户心理，深入挖掘用户需求，用种种方法引发用户共鸣，才能最大限度地引导用户参与到自己的营销过程中，达到营销目的。

APP 营销的基础当然是手机应用。我们知道，APP 根据其内容可分为游戏 APP 和应用 APP，后者又包含工具类、媒体类、品牌类等。在这数以万计的 APP 中，游戏类和品牌类的 APP 生命周期最短：不管"愤怒的小鸟"多么有趣，你玩腻它最多只需要两个月；而单纯的品牌类更是用户最想删除的 APP 种类。

那常见手机应用中有哪些是最受用户青睐的呢？调查显示，QQ、微信、微博等社交通讯工具最受追捧，因为其沟通便捷、及时，也较少受时间地点限制；其次，浏览器、安全软件等系统工具也颇受欢迎；再次，导航、地图等也以其实用性受到多数用户的青睐。

APP 的制作者当然希望自己的产品能得到用户的持久青睐，而其中的关键就是将 APP 的主题从品牌推广转向提供实用功能。用户打开一个手机应用，不是为了"玩"，就是为了"用"，一个游戏 APP 玩多了用户会腻,一个功能 APP 用户用顺手了就会持续使用。将注意力放在用户的切身需求上,才是一个 APP 保持热度的核心奥义。

APP 营销的常用模式

不同的 APP 类别自然适合于不同的营销模式。一般来说,最主要的营销模式有:植入广告模式、用户参与模式和购物网站移植模式。

(1) 植入广告模式

植入广告是 APP 营销中最常见的模式,广告主通过在功能类、游戏类 APP 中植入动态广告链接的方式打广告,用户点开链接就是相关产品的介绍、销售页面。这种模式操作简单,投放在热门 APP 上能够让最多的人直观地接触到企业的产品。但由于这种植入相对生硬,其购买转化率并不高。想一想,我们经常会在玩手机游戏点暂停的时候看到各种广告跳出来,有时候不小心点错了也会觉得不胜其扰。

(2) 用户参与模式

企业把符合自身品牌定位的应用发布到应用商店内供手机用户下载,用户可以从该应用中获得自己需要的实用功能,同时还能直观地了解该品牌的信息。这种模式对提高企业美誉度、增加用户粘性的效果比较明显。相比植入广告模式,这种模式更加容易被用户接受。因为你是先满足了用户的需求,才适时推出了自己的产品。

这种模式需要企业投资制作自己的 APP,前期投入较大,但由于不需要后期投入,因此,实际花费和不断在其他热门 APP 中植入广告不相上下。重要的是,这种模式成功的关键不在投入,而在 APP 内容的设计上,创意重于投资。

(3) 购物网站移植模式

这种模式基于互联网上的购物网站,是购物网站的手机 APP 化,用户可以随时随地通过该 APP 浏览网站,获取商品信息,同时进行购买、支付。这种模式相对于以往通过手机浏览器登录相关购物网站再进行同样操作来说，更加快速便捷，内容也更丰富，更有针对性，缺点是适用的行业比较单一，不具有广泛的应用性。

APP 营销的技巧

随着手机从功能性向智能性发展，移动互联时代已经到来。面对移动互联时代，企业需要建立起全新的营销理念，以此捕捉未来的商业机遇与发展。移动互联下的商业模式，就是把用户时间与注意力作为稀缺条件，借助移动互联的交互式传播方式牢牢把握住商业价值链中客户端体验粘着价值与应用内容端整合提供价值，并通过两类价值的有效互动，形成企业商业价值的滚动放大，从而实现品牌营销的目的。在移动互联下实现营销价值目标最重要的是应用 APP 营销。

与传统移动媒体营销相比，APP 营销拥有无可比拟的优势。在传播方式上，传统移动媒体主要是以短信形式为主，让消费者被动地接收产品或品牌信息；而 APP 营销是企业将产品或品牌信息植于应用制作，通过用户自身主动下载，在使用应用的过程中达到信息传播。

开发移动互联下 APP 营销要解决好三个问题：产品定位和用户价值；承载的产品核心能力与差异性；产品发展的专注程度。要在移动互联时代的产品竞争中胜出，就要抓准核心用户价值来定位产品，围绕定位打造或引入核心竞争力，专注相关产品发展，尽可能抓住并扩大先机，是制胜的重要原则。

而从消费者的心理角度出发，想要做好互联时代下的 APP 营销，则要解决好以下几个问题。

第一，精准把握用户心理，深入挖掘用户内在需求与喜好，将互动、整合发挥到位。

社会化网络时代用户的行为已经不再是简单的接受来自企业的直接营销宣传，而是从自身需求出发，透过对自身的全方位分析，评估可购买性，以此决定最后的购买行为。社会化营销注重的就是这种与消费者深入的对话，任何企业在展开 APP 营销的时候都应该清楚了解用户的行为习惯，考虑自己的产品特点是否符合用户需求，思考什么样的产品特点才真正符合用户生活或者心理诉求，以引起用户的共鸣。记住：在进行 APP 营销的过程中，企业只有深入挖掘用户需求，准确把握用户所想、所求，引发用户心理互动，才能最大程度地引导其参与其中，成功地向用户进行营销。

企业推出的 APP 的设计首先要符合品牌或产品的目标消费群的口味和偏好，做到精准地把握其内在需求，为其量体裁衣。而对用户的心理不能擅自主观揣测，对用户的需求也不能随意妄断，要以企业收集的目标消费者的历史数据和最新研究结果来做支撑，根据客观的分析来总结出用户的喜好与需求。分析消费者和用户的行为，挖掘其内在的需求和兴趣点，这是构建企业 APP 及其系统营销策略的关键。

第二，要学会有机融合品牌元素，让品牌 APP 为消费者深化品牌形象助力。

让消费者进一步了解品牌或产品，建立起品牌与消费者的情感关联，是企业 APP 营销的核心所在。这需要基于消费者的情感、信任基础上的开展营销活动，利用品牌 APP 传递品牌理念，深化品牌形象，树立品牌口碑，帮助品牌和产品认知的提升，搭建起品牌与消费者间沟通的桥梁。

如耐克为帮助用户实现锻炼计划，推出了一款名为 Nike Training Club（耐克训练营）的 APP。这个具有综合性训练功能的 APP 由专业教练研发，将耐克多年的训练研究和专长集结成一个为用户提供个性化的健身体验服务的工具，让用户可以随时随地拥有个人训练师，用户可实时查看训练计划，追踪训练进度，督促自己坚持锻炼。用户在应用此款 APP 获取价值的同时，对耐克品牌也产生了极高的好感，提升了消费者与品牌间的粘性，增强了与品牌间的情感联系，潜移默化中向消费者传递了耐克崇尚运动、健康、美好生活的品牌理念。

康师傅在为旗下"传世新饮"系列产品定制开发的"传世寻宝"游戏 APP 中巧妙融入了品牌和产品元素，让消费者在玩游戏的过程中了解到"传世新饮"酸梅汤、酸枣汁的原料和工艺流程，大大加深了消费者对于康师傅"传世新饮"老字号定位的理解。

企业可以将与众不同、新颖奇特的创意内容与品牌或产品的核心概念相融合，这能有效地反映出产品主旨或品牌理念，让消费者在使用 APP 的过程中自然而然地了解产品和品牌信息，让用户在娱乐的同时对品牌形成一定的粘性，使其在选择此类产品时能更多地考虑自己的品牌。同时，企业还可以通过推出能为消费者提供主动便捷服务的 APP 来为消费者创造价值，提升品牌的亲和力，树立品牌的良好口碑。

企业应把以用户为主导的双向甚至多向互动作为 APP 营销模式的主旋律，更要发挥整合效应，顺应 APP 营销的多元化发展趋势，整合其他营销手段，整合多方技术，带给消费者突破性的体验，延伸移动营销的价值。

3.移动 APP 营销八个创意突破口

APP 营销无处不在，已成为移动营销的主要部分，那么，一款好的企业 APP 该如何创意呢？有哪些方式？

(1) 狠抓实用性，多关注用户的生活细节

从用户的吃、住、行、玩、用等日常生活细节着手，发现还没有被满足的需求，然后结合产品看能否植入进去。

比如针对起床困难户,星巴克推出了一款 Early Bird (早起鸟),当你下载这个 APP 以后,可以设定时间提醒你起床。用户在设定的起床时间闹铃响起后,只需按提示点击起床按钮,就可得到 1 颗星,如果能在一小时内走进任一星巴克店,验证这个 APP,即可打折买到一杯咖啡。此外,这个 APP 还可以设置不起床的后果声音,如"再不起床,迟到了罚款 100 元",只需要输入公司相关规定即可。

(2) 将产品体验做成互动游戏

很多产品都可以将体验形式开发成小游戏,如服装可以试衣服大小和搭配颜色,啤酒瓶可以作为暴力游戏的道具,饮料可以自己酿造……如宜家手机 APP,可让用户自定义家居布局,用户可以创建并分享自己中意的布局,还能参与投票选出自己喜欢的布局。宜家还会对这些优秀创作者进行奖励,利用个性化定制营销来达成传播效果。对线下实体店来说,APP 并不是最好的销售工具,但能弥补线下体验的短板,通过 APP 能打通会员营销、体验与服务体系。

(3) 个性化的产品或服务定制

将产品或服务通过 APP 实现个性化定制,适合容易标准化生产的产品。比如服装类 APP,它的颜色、款式、尺寸等都可选择,当然,每个选项可提供多个选择,而不是随心所欲地填写。

前面提到过 21cake 推出的一款能 APP,客户不仅可以根据口味选择蛋糕,还可以根据适用对象来选;如果客户完全没有主意,还可以通过"摇一摇"来选一款"缘分蛋糕"。

(4) 逆向思维,不用该产品会产生什么后果

这一方式适合避孕套、智力产品、药品、安全产品等容易导致严重后果的产品,将此后果放大,正是传统营销所谓的恐吓式。如不安全用药会导致什么情况,将此情况用游戏的形式演绎出来,让用户产生必须要用的心理反应。

比如杜蕾斯推出了一款 APP 可以模拟养小孩，就像真小孩一样整天烦你，要喂奶，要逗他玩，还得哄睡觉，哭了要抱，会更新你的 Facebook 状态 "我当爹啦"，各种婴儿相关活动的邀请也会随之而来，很烦很烦……而你每次关闭此程序时，它都会显示 "用杜蕾斯" 的提醒。

(5) 将人的欲望放大

人的欲望有很多种，如好奇、分享、愤怒、健康、懒惰、善良、感性、嫉妒、虚荣等，如果将这些欲望与企业或品牌相关元素融合，就能达到传播润物细无声的效果。适合服装、电子产品、食品等快消品及和生活密切相关的行业。

(6) 将服务平台用 APP 呈现并创新

适合资讯类、服务类的平台，当然，他们本身就具有人气，但适时推出和创新也是必须的。比如易居中国推出的 "口袋乐居"，凭借 "让不动产动起来" 的出色表现，在上线后的短短几月内就开了房屋精准估价、移动支付等先河，在帮助房企实现营销目标的同时，又为网友提供了一款实用类型的移动应用，一度占领各大房产类应用下载排名的前列。

"口袋乐居" 前身是已超百万级下载量的 "口袋房产"，延续以用户体验为设计之本，综合用户各方需求，集信息平台、工具平台、数据平台和交易平台等多项功能于一体，切实贴近消费者生活，提供全方位的服务。此款产品的推出开拓了房地产互联网产品除 "房源型" "资讯型" "交易型" 后的第四大导向——"房价型" 产品。

(7) 线上线下联动

通过 APP 的二维码扫描可以实现与线下的活动、广告、促销等形成联动，往往是线下活动、展示，线上抽奖、派送等。可以解决线下活跃度不足的问题。

比如可口可乐推出的 CHOK，在指定的 "可口可乐" 沙滩电视广告播出时开启手机 APP。当广告画面中出现"可口可乐"瓶盖，且手机出现震动的同时，挥动手机去抓取电视画面中的瓶盖，每次最多可捕捉到 3 个，广告结束时，APP 中揭晓奖品结果，奖品都是重量级的，如汽车之类的，吸引力很大。

(8) 充分利用客户的等待时间

银行排队等候、机场候机等待、无聊的长途汽车上、吃饭时等号……客户等待的时候是最无聊的时候，不能走，只能等，而且是干等。如果能让这个无聊的时刻不无聊，一定能给品牌加分。

比如，法国航空曾推出一款空中音乐 APP，安装此 APP 后，在法航的航班上想听音乐，只要你用手机对着天空，搜寻空中随机散布的歌曲，捕到后可直接试听。不同国家空中散布的歌曲不同。APP 中还有互动游戏可以赢取优惠机票。让乘客乘飞机不再无聊，让音乐融入空中生活，创造独特的试听体验，形成了良好的口碑传播。

当然，还有很多方式，这里不再一一列举。其实，一款好的企业 APP 一定是将注意力聚焦到客户身上，关注他们的日常生活及所思所想，然后再结合产品或品牌的创意点，不能失了重心。

4.星巴克：体验式服务空间无限

如今是一个体验为王的时代，只有给用户带来最优质的服务体验，才能从众多品牌中脱颖而出。这要求企业关注服务细节，了解用户习惯，与产品相结合，不断为用户营造最舒适惬意的服务体验。而当用户体验与 APP 营销相结合，又会产生怎样的化学反应呢？

世界知名的咖啡连锁企业星巴克就是体验式营销的代表者。星巴克以其独特的体验营销手段在美国开拓了一个原本没有的市场。在美国，咖啡原来只是一种普普通通的饮料，一种帮助人们在吃早餐或汉堡包时更好地把食物咽下去的东西，价格非常便宜，几毛钱就能买一杯。但是，星巴克的出现改变了日常生活中人们对咖啡的印象。星巴克将美式咖啡消费习惯时尚化、精品化，创造出了都市男女人手一杯的全新形象。现在，美国的大街小巷随处可见星巴克的招牌，每天有几百万美国人排着队购买4美元一杯的星巴克咖啡，星巴克文化已经深深植入美国人的日常生活中。在风靡全美的奥普拉脱口秀节目中，在创美国收视率新高的《辛普森一家》里，在深受大众喜欢的益智游戏节目《冒险》里，你都能看到星巴克的影子。

随着移动互联网时代的到来，星巴克也将自己的体验式营销从线下带到了线上。除了在微博、微信上布局，星巴克还开发了专属的APP：Early Bird（晨鸟闹钟）。

Early Bird 成功将星巴克咖啡和用户的日常生活结合在一起，巧妙地将产品嵌入到用户的某个生活习惯当中，让用户在购买星巴克咖啡时不是感到自己花了钱，而是做成了一件事，实现了一个对自己的承诺。这种营销显然比一般的广告植入高明许多。

消费者的购买行为是不确定的，会受其动机、感觉、经营和态度等方面的心理因素支配，而且随着经济的发展，心理因素对购买行为的作用会越来越大。人通过感觉器官获得信息，然后通过大脑对其进行识别、分析和选择，这样一个复杂的过程就是感觉。而激励一个人朝一定目标迈进的内部动力则是动机。在消费市场上，任何时候，购买者都会受到多种动机的影响，星巴克的 Early Bird 就是在为用户提供一个强烈的购买动机。消费者没有把购买星巴克产品当成一种消费，而是把它当成了对自己按时起床的奖励。换句话说，相比以往企业想方设法地向消费者推荐自己的促销计划,星巴克反其道而行之,让消费者主动到店里争取折扣,这对消费者来说是一个很特殊也很值得记忆的消费体验。

正是因为常年专注于让消费者感受到最惬意、最别致的消费体验,星巴克才能想到这么经典的点子。其实,早在移动互联网兴起以前,星巴克就已经懂得通过改善用户的消费体验来巩固市场、稳固品牌了。

2002 年,星巴克咖啡对市场进行新的调研,以期进一步提高自己的品牌影响力。经过长期的市场调研,星巴克发现,来星巴克喝咖啡的核心客户群主要是 25~40 岁的年轻人,这个核心顾客群每个月平均来星巴克喝 18 次咖啡。针对这种情况,他们制定了相应的策略目标:一方面提高客户的上门次数,另一方面想办法让顾客每次停留更久,以吸引他们喝更多的咖啡,提高业绩。

考虑到越来越多的年轻顾客会带笔记本电脑来喝咖啡,2002 年 8 月,星巴克在 1000 家门店提供快速无线上网。这一服务很快收到了顾客的良好响应,光临星巴克的人比之前明显增长了不少。

现在看来稀松平常的免费上网服务,对于 2002 年的星巴克来说,却是体验服务的开风气之先。不少企业在营销中证明,当市场占有率达到一定程度时,优秀的服务就会胜过营销的运作。服务是产品最重要的组成部分之一,消费者买的不仅仅是产品的实体部分。就像人们到星巴克,已经不仅仅是为了喝一杯咖啡,而可能是为了享受在星巴克咖啡厅办公、上网的体验。星巴克始终将为顾客提供更好的体验服务作为自己长盛不衰的秘诀。2004 年以来,星巴克的年财政收入持续增长保持在 20%左右。2004 年时,星巴克股票比 2003 年上升了 56%,与 1992 年星巴克首次发股上市的市值相比,增长了 30.28%,达到历史新高。

星巴克的系列案例让我们深刻体会到体验式服务的开发空间有多

大，企业可以着手于解决用户的潜在需求，也可以帮助用户改善其生活习惯。总之，只有对客户百分百用心的企业，才能换来客户的百分百忠诚。

5.宜家：手机 APP 激活目录营销

传统营销中有一种营销方式叫目录营销，就是通过给精心挑选的消费者邮寄目录或给商场配备目录来进行销售。消费者在收到目录后，可以根据自己的喜好进行选择，通过书面订货单、电话或电脑等形式提出订货要求，比如商品编号、规格、尺寸、颜色等，并提供自己的姓名、通讯地址、邮编等情况，以方便接收所选购的商品。

家居巨头宜家深谙目录营销之道，对宜家而言，向锁定的消费群散发目录手册，远比铺天盖地的广告廉价和有效得多。宜家的目录手册制作精美，融家居时尚、家居艺术为一体，可以说是宜家自我包装的巅峰之作。其对于无暇上街购物的忙碌人群来说也十分适合，借助于目录手册，他们不用去挤商店，就能以最低的价格购物，所以深受很多新中产阶层的喜爱。

宜家目录永不衰竭的营销法宝，就是对新中产阶层生活方式的有益引导，不断掀起降价风潮以促进销售。每年 9 月，宜家都会推出一本新品目录册，几乎有电话黄页那么厚。宜家不仅通过目录营销促进销售，更重要的是通过这一精美的目录册进一步巩固品牌形象，提升品牌美誉度和顾客忠诚度。

宜家的商品目录手册已成为其品牌的一大特点，不但外观精美，更重要的是为顾客提供了许多实用的产品信息,方便了顾客的选择购买。一个成功的商品目录不但含有大量的信息、众多的产品与服务种类,而且分列布置清晰,利于顾客比较挑选。纸质目录印刷精美,电子目录也制作绚丽,令顾客赏心悦目,这些有利于促使顾客产生感情诉求,使其做出购买决定,而且,顾客可能会出于喜爱和以备将来之用而将目录保存下来,从而使得目录的促销效果增强。

手机 APP 激活目录营销 2.0

在通过目录营销获得了不俗的销售成绩后,宜家并没有止步于此。当移动互联网迅速崛起,手机 APP 成为新的营销阵地后,宜家立即跟进,开发了自己的"IKEA APP",这款 APP 让消费者足不出户,仅仅通过手机就可以打造自己中意的家居风格。这是一款致力于改善售前体验并刺激购买欲望的 APP,同时,它也是宜家目录营销的数字升级版。

IKEA APP 与现实中宜家的体验式营销风格一致,但由于数字化的优势,用户可以享受比线下实体店更加顺畅的挑选、购物体验。

首先,IKEA APP 是一本不断更新的宜家目录,用户可以通过它获取关于宜家产品、配送服务、优惠活动的所有信息。该 APP 还充分利用手机地图功能,将附近宜家的位置和前往宜家的路线都提供给你。更贴心的是,在去实体店之前,你还能通过这款 APP 查询到实体店的区域分布状况以及营业时间、促销活动等信息。当然,你也可以在 APP 上直接挑选自己中意的产品,放入购物清单中,查看该产品的库存、自助提货点等。

其次,该 APP 还是一个 DIY 设计工具。很多顾客在实体店购买宜家产品时都有个疑问,就是这款家具买回家之后会不会出现尺寸不合适,或者不符合家里装修风格的情况。据宜家调查显示:14%的顾客曾买错过家具尺寸,70%的顾客则根本不知道自己需要的家具究竟是什么尺寸。该 APP 就充分利用增强现实技术，根据产品目录里的标准尺寸来推测家具的实际大小，然后将家具与家中的实景进行匹配，这样，你就可以在手机屏幕上清晰地看到这款家具摆在家里是什么样的。通过这款 APP，用户可以足不出户地"设计"自己的家居。

举个例子，如果你想购买一张桌子，但不知道它摆在客厅里的效果怎样，那在下载该 APP 并扫描宜家商品目录上的该产品后，将宜家目录放在你想要摆放该桌子的位置，然后用手机对着该目录拍一张照，该目录在照片里就会变成一个真实尺寸的三维桌子，这样，你就可以清楚地看到这张桌子摆在你客厅里是什么效果了。

通过这款应用，用户可以在购买家具之前先体验一下家装设计师的感觉。如果对自己的设计很满意，并真的希望购买相应的产品，就可以直接在手机上下单购买。

宜家的这款 APP 覆盖了产品展示、参数提供、家装模拟和在线支付每个环节，真正做到了让用户足不出户就能流畅地完成家具购买。

从传统的精致目录到结合目录推出手机 APP，宜家一直在试图为顾客搭建更便捷的产品体验平台。这种努力的回报是用户的支持，该 APP 推出不久就获得了千万下载量，宜家不仅节约了销售、宣传成本，还进一步巩固了在消费者中的口碑。

6.西门子：以理服人，更要以情动人

最开始，APP 只是以第三方应用的合作形式参与到移动互联网的商业活动中来，但随着移动互联网的愈发开放，APP 的盈利模式开始被更多的互联网大亨看重。APP的受宠源于其庞大的用户基数，而对智能手机用户来说，之所以离不开移动APP，其原因不仅在于它随手可用的便捷，也在于它丰富的功能为他们带来了实用与娱乐。

用户凭什么用你的APP？

对于APP用户来说，其实用性是最重要的。谁都不喜欢自己的手机屏幕被各种没用的图标占满，因此，手机用户会谨慎地选择保留哪些APP，不实用的APP即使被一些用户下载了，试用一段时间后也一定会被删除。多数手机用户希望自己下载的APP能为自己的学习、工作、生活带来便捷。所以，社交通讯、阅读资讯、导航地图等APP一直是最热门的。

世界最大的电器公司之一西门子就把营销目光瞄向了移动APP。究竟应该如何将电器与实用APP结合在一起呢？西门子公司决定不直接宣传自家电器，而是以"吃"为切入点，将其产品悄悄植入到菜谱介绍中。

西门子开发的这款APP叫"西门子时尚厨房"，是一款生活类APP，实用性很强。它在软件介绍里充分强调了自己的实用性："你能想象有朝一日，因为有它……你无须再翻阅纸质菜谱，弹指之间便能烹制精致美食；你的厨房从此与众不同，成为你时尚家居生活的中心！"它最初发布的版本共有五大板块：推荐菜谱、视频饕餮、定制食谱、时令美食和微博分享。在积累了相当的人气后，才在后来新发布的版本里增加了产品介绍和品牌直营店两个板块。

"西门子时尚厨房"介绍了各种美食的做法，从食材的挑选到每个烹饪步骤都十分详细，让用户不再为自己厨艺不济感到烦恼。同时，它的设计也很精美，用户体验上佳。其内容分为4个方面，左上方是美食图片，右侧配有详细制作说明；左下方则是该美食的简介与材料说明，右下方会推荐制作这款美食的厨具。

对一些比较笨的"小白"用户，该APP还在制作界面中设有视频讲解，进一步降低了用户的学习难度。所以，该APP一经推出，就受到了广大用户的追捧。

我们该跟西门子学什么？

"西门子时尚厨房"的成功至少可以给我们带来以下4点启示：

（1）用诚意彰显品质

前面提到，APP营销的核心是提供实用性，而所谓实用，其实就是对用户的种种关心和帮助。"西门子时尚厨房"并没有机械地罗列不同菜谱，而是对不同菜谱进行了合理的分类，其"推荐菜谱"板块下还分了幸福烘焙、真味留恋、无火饕餮和最爱咖啡等子栏目，充分考虑到不同用户的口味区别。这种细致让用户感受到了西门子的诚意，同时，结合西门子厨房的背景图片，用户在不知不觉中就会对西门子的厨具产品产生"精致""高端"的印象。

（2）用户需要什么就提供什么

随着生活水平的提高，消费者愈发重视食品安全、生活质量方面的问题，人们对"享受"的欲望愈来愈强烈，因此，怎么"吃好"就成了很多人生活里的重要课题。消费者不仅想吃出美味，还希望吃出健康。西门子抓住这一点，精心为用户介绍美味、健康的食谱，并根据节气等提供不同的时令美食推荐，真正做到了"全心全意为客户着想"。

（3）不是做饭，是培养感情

营销在以理服人的同时，更要以情动人。人人都有七情六欲，都有丰富的感情，包括亲情、爱情、友情等，企业要想让产品容易为顾客所理解、喜爱、接受，最好的形式是通过营销来传递感情，令大众产生心灵上的共鸣。厨房是烹饪佳肴的地方，爱吃的中国人对厨房有着古老而深沉的情结，所以，"西门子时尚厨房"在一开始就打出了"敞开厨房，向老味道致敬"的口号，主动贴近中国的传统饮食文化，让用户通过老味道回忆起父母、童年的美好。这样，西门子厨具在消费者眼中，除了精致，又有了温情。

（4）将 APP 与 SNS 结合

"西门子时尚厨房"有个板块是微博分享，用户可以通过此板块将自己喜欢的美食食谱分享到新浪微博、人人网、豆瓣网等社交网站，与好友进行互动。制作、享受美食是一件令人愉快的事，这种愉快人们往往乐于与朋友分享，而这种分享就是最好的口碑营销。因此，在 APP 营销里，一定要记得留一个让用户连接其社交网站账号的端口。

7.APP 推广渠道该怎么做

随着移动互联网的快速发展，在不久的将来，生活很多事物都将会与移动互联网中的 APP 联系。那么，APP 推广渠道应该怎么做呢？

APP 渠道推广方法一：应用商店

主要是通过开发者平台上传应用，然而，平台主要包含有硬件开发商、软件开发商、网络运营商、独立商店以及一些 B2C 应用平台等。在国内市场中，主要由硬件开发商商店、网络运营商、独立商店等支撑着，其中，硬件开发商商店有：联想应用商店、智汇云（华为）；网络运营商有：移动 MM、电信天翼空间、联通沃商店；独立商店有：安卓市场、安智市场、机锋市场、爱米软件商店、优亿市场、掌上应用汇、开齐商店、N 多市场、安卓星空、安丰下载、力趣安卓市场等。

APP 渠道推广方法二：线下预装

这一步很关键，如果自身有实力，那就让自己的产品成为手机的原始配套应用，不然就要掏钱给手机厂商或运营商，而这个成本很高。这种营销手段还是很有效果的，主要在移动广告联盟进行，转化率很高，可以达到 25%。

APP 渠道推广方法三：内容营销

主要是通过网络媒介来增加自己的曝光率。使用这种方式时，要注意选择网络平台，要选择那些具有权威性移动互联网媒体。做产品推广时，开发商要有一名公关人员，负责营销企业形象，通过新浪科技、腾讯科技、Donews 等这样的平台发布软文，提高用户口碑，增加宣传力度。

APP 渠道推广方法四：网络广告

现在很多网民在上网的时候很容易被广告给吸引住，所以，网络广告对于流量具有推动性，同时还能在无形中大大提升产品知名度。

网络广告主要包括：第一，PC 网络广告，它包括硬广、富媒体广告、搜索广告等；第二，移动广告，它最早出现是在 Google Adwords 的移动版，但之前一直受限于移动网络的发展，随后 Google 收购 Admob，从此开始了移动手机网络广告。国内做的移动广告平台也很不错，应用可以通过应用使用形成的网络去进行推广，这样的好处是精准匹配用户群。付费方式可以按照 CPM、CPC、CPA 进行付费。

APP 渠道推广方法五：免费发放应用

主要是对应用产品进行限时营销（免费促销），让开发商供应无广告、无注册要求或其他附加条件的高级应用，在某一特定时段内将这些应用无偿供应给网站访问者，通过在线广告收回成本。

APP 渠道推广方法六：互联网开放平台的应用

这个平台不可小看，将成熟的 APP 应用提交到互联网开放平台享受海量用户,如腾讯开放平台、360开放平台、百度开放平台、开心网开放平台、人人网开放平台等,可以给用户增加不同角度的体验。

APP渠道推广方法七:开发网络版手机应用

如果自己有实力,可以自行开发一款手机应用软件网络版,这样有利于打开智能手机平台之外的产品销路,将移动互联通和WEB渠道进行融合。

APP渠道推广方法八:付费广告

这种方式成本比较高,尤其是那些非高峰期的本地电视节目时段、知名的互联网平台、流量超大的门户网站。这种方法可能不一定很有效,但无论是传统媒体还是新媒体,盈利模式大部分都离不开广告,所以用户每天都能看到那个广告,这就在潜移默化中形成了品牌效应。

APP渠道推广方法九:网络病毒式视频营销

在电商行业里,我们比较容易看到凡客、梦芭莎之类的品牌,他们不间断地在视频网站上投放广告。而且,视频能传达的信息是文字和图片无法替代的。来一段应用的酷炫展示视频,很容易就能让受众群体记住你的品牌,而且这种制作成本不是很高,加上现在流行的微信的二维码,效果会更好。

APP渠道推广方法十:微博营销

我们可以通过微博进行内容营销,这样可以近距离跟海量的用户进行沟通,所以微博影响力还是不容小视的。在做微博的时候,要注意留心那些微博上的意见领袖、话题制造者、评测网站之类的账号,尽量和他们取得联系。充分利用这个平台和用户产生互动,增加用户粘性,让你的APP更受欢迎。

8.迷你任务：创新公益与另类营销

在时机成熟的情况下，很多公司都愿意通过做公益来提高自己的知名度，塑造企业的口碑与品牌。但是，做公益并非简单的捐钱，从策划到执行再到推广，都有很多讲究。一般情况下，企业缺乏做公益的经验，公益组织则是缺乏资金，两者结合在一起才能将公益事业做大做好。而且，随着移动互联网的发展，公益事业的参与门槛越来越低，做公益的方式也发生了很大的变化。

公益营销独辟蹊径

在这种情况下，一款有特色的 APP 应运而生，这就是"迷你任务"。迷你任务是一款通过手机拍照、定位功能，为企业、公益组织的工作提供帮助的应用，其操作流程共分为五步：

第一步，发布任务。

所谓任务，就是企业和公益组织的一些自身需要，这些需要主要由这款应用的普通用户来完成。企业和公益组织在"迷你任务"发布这些任务（主要是填写问卷、按指定的要求上传图片、回答问题等），同时表明任务地点、时间、细节、质量要求、完成报酬等。

第二步，申请任务。

用户通过二维码、APP 市场下载并启动该 APP，就能看到分布在自己周边的各种任务，然后选择适合自己需要或者感兴趣的任务，点击申请即可。

第三步，完成任务。

用户申请完任务之后，只要在规定时间内按照发布者的要求执行好任务，就可以提交给系统审核了。如果你在规定时间里没能完成任务，系统会自动取消你这次参与资格。

第四步，审核任务。

任务发布者登录系统后台，就能审核用户提交上来的任务完成资料，并给予审核意见。如果用户按照相关要求完成了任务，就能获得之前公布的报酬。发布者还能从系统后台将数据通过 Excel 等方式导出，这些资料也是企业进行经营决策分析的重要数据。

第五步，支付报酬。

用户根据完成的任务获得相应的报酬，当报酬积累到一定数额时，就可以通过支付宝进行提现，或者捐献给系统推荐的公益组织。

这种任务模式使得每个用户都有机会参与到公益事业当中，而做公益的企业与组织也找到了一个降低工作难度的机会。企业可以同公益组织一起发布任务，让用户帮助企业做一些简单的问卷调查等任务，完成任务后，企业就可以向公益组织捐献相应的款项。这样做的好处是：用户用力所能及的小付出亲身参与到公益事业当中——这也是公益组织希望看到的；企业一边达到了捐助公益、提升品牌形象的目的，一边还借助于用户的帮助完成了很多从前需要大量营销人员才能完成的市场调研等工作；公益组织则在收获资金支持的同时，也收获了一大批更加关心公益事业的普罗大众，这对其长远发展非常重要。

举例说明：与宠物有关的企业，如宠物食品企业，可以同动物保护协会一起发布调研任务，动物保护协会号召旗下的志愿者参与其中。由于这些志愿者在生活里都是热爱小动物的人，所以也是宠物食品企业的目标用户，从他们当中获得的调研数据对企业来说更加值得参考。同时，通过这次活动，该企业也在这些目标用户群中打响了知名度。而对用户来说，他们只是做了一些问卷就可以帮助心爱的小动物，还不需要自己花出真金白银，何乐而不为呢？

"迷你任务"作为企业任务的众包平台，其应用场景十分丰富，如广告监测、商品覆盖率调查、新品价格调研、社会热点调查、产品服务体验反馈、促销活动参与等，成功为我们打开了 APP 营销的新思路。

APP 公益营销怎么玩

（1）搜集目标用户的信息

很多企业都会做市场调查，并跟进市场反馈，但其搜集的数据是否真实可信、有多少参考价值都存疑。企业在传统市场调查过程中无法准确把握数据提供者的背景信息，更无法判断其在做这次调查时是敷衍还是认真。这款任务型 APP 的出现则很好地解决了这个问题。

首先，愿意接任务的都是对相关主题感兴趣的人，也就是企业的潜在客户，他们的调查意见更值得参考。

其次，他们是主动参与到任务中来的，所以，他们的回答相比街边随机接受调查时胡乱填写的内容更加有价值。企业若是希望在 APP 营销中搜集到高质量的市场数据，就要学会"为用户的付出埋单"，换句话说，也就是给用户配合调查一个合理的理由。

（2）促使用户体验产品

企业除了可以发布调查任务，也能发布体验任务，即让用户去临近的企业活动场地亲身参与该企业的产品体验活动。我们经常在路边看到很多销售人员拉着你去体验这个尝试那个，一般人都避之不及，所以收效甚微。而若是通过任务的方式发布，很多用户就会主动参与其中。更重要的是，在体验之后，你还可以要求用户提供详细的体验感受。这种任务不仅增加了潜在用户购买产品的概率，更提供了最有参考价值的产品使用反馈信息。

（3）让公益营销细水长流

大多数人都有参与公益的意愿，却无力承担长期参与公益的资金负担；而企业虽然知道公益营销的重要性，却也怀疑一两次大手笔捐款的实际性价比。而"迷你任务"则很好地解决了双方的问题。"迷你任务"一方面使得热心公益的用户有机会长期参与公益事业，让微型公益事业拥有长久发展的基础，一方面也让做公益的企业不用一次性付出大量资金"赔本赚吆喝"，而是细水长流，既获得了稳定的目标用户群体，也持续巩固了其公益形象。这款应用让用户和企业达到双赢，而且这种双赢是持久的。

第七章

O2O 营销，
打通线上线下

1.O2O 营销的基础、模式与策略

O2O 营销模式又称离线商务模式，是指线上营销线上购买带动线下经营和线下消费。O2O 通过打折、提供信息、服务预订等方式，把线下商店的消息推送给互联网用户，从而将他们转换为自己的线下客户，这特别适合必须到店消费的商品和服务，比如餐饮、健身、看电影和演出、美容美发等。

O2O 的涵盖非常广泛，只要产业链中既可涉及线上，又可涉及线下，就可统称为O2O。O2O 的本质是传统营销方式借助"电子"、借助"互联网"的力量的升级。鉴于其特有的便利性和优越性，O2O 营销模式已经成为了移动互联网时代备受关注的营销行业的新宠。

在 O2O 营销模式中，店铺是核心，电子商务只是辅助手段。店铺要想方设法在网上寻找目标消费者，然后将他们带到现实的店铺中。

对消费者来说，他们在这种模式下既享受了互联网快捷流畅的信息体验，也不用因为没看见实体产品而产生种种怀疑；而对商家来说，他们既为实体店增加了客流量，也能通过线上的数据（预约、支付情况）积累有价值的营销信息。

相比传统电子商务模式，O2O 的开发前景更加广阔。最早提出 O2O 概念的美国人阿列克斯·拉姆贝尔指出：美国电子商务每年的平均客单价大约 1000 美元，而美国人的平均收入则是 40000 美元。也就是说，O2O 的商务规模在理论上可以达到传统电子商务规模的 10 倍甚至 20 倍以上。李开复也表示，O2O 未来会改变中国，线上、线下一旦连起来，将会形成巨大的爆发式力量。

O2O 创意营销正逐渐成为企业的主要选择。

2012 年 1 月 12 号，在比利时首都布鲁塞尔举行的车展上，为了吸引更多人关注自己的品牌，Mini 官方在户外停车场做了一个有趣的装置：用一根绳子绑住一辆 Mini 汽车，中间则摆放了一个喷火装置。该装置和 Mini 的 Facebook 账户相关联，在现场参加车展的人只要关注其官网，就会被系统列入到队列中。进入队列的每个人都有一次用喷火装置喷火的机会，谁先将绳子烧断，谁就获得这辆 Mini 汽车。

这次创意活动不仅吸引了大批参加车展的爱车人士的关注和参与，还顺利地将他们变成了自己社交账号的粉丝，成功地将线下的目标用户导入到线上，为后续的营销和推广积累了优质用户。

O2O 的四种模式

（1）Online to Offline

即线上交易到线下消费体验商品或服务。这个模式比较常见，团购就是其应用中最典型的一种。用户在网上发现产品并完成支付，最后去线下实体店体验产品和服务。

（2）Offline to Online

即线下营销到线上完成商品交易。这个模式在日韩流行得比较早，企业通过在线下做营销（实体店提供优惠二维码扫描等），在线上实现交易。像1号店这种网上零食商城就曾采用过类似的营销手段。

（3）Offline to Online to Offline

即线下营销到线上商品交易，再到线下体验商品或服务。这种模式看似复杂，却是中国人接触的最早的O2O模式。如中国移动搞的"预存话费送金龙鱼油"的活动，就是在线下进行营销，然后到线上进行支付，最后到线下领取赠品的活动。

（4）Online to Offline to Online

即线上交易或营销，到线下消费体验商品或服务，再到线上交易或营销。这种模式比较复杂，应用的范围也不够广泛，但对特定的企业或产品有较好的营销效果。

O2O营销的基本策略

（1）完善线下产品服务

O2O营销的重点还是在线下产品的质量。其实，不论是哪种O2O模式，其核心都应该是方便消费者，优化消费者的消费体验。移动互联网时代，每天都会有许多新名词、新概念冒出来，但真正能获得成功的还是真正关心消费者的企业。正如达鑫投资董事总经理徐文辉所说："O2O模式让传统行业找到了新的营销手段和销售渠道，但企业经营最终还是要落在品质和品牌的结合上。"

（2）做好在线支付

O2O营销模式能够持续有效的关键环节是在线预付。数据显示，电子商务最发达的美国的线上消费的比例也只有8%左右，大部分人还是更倾向于去实体店购物，因为这种社交体验在一切都将被互联网虚拟化的今天显得更加难得。但O2O不同，它既拥有线上产品展示带来的快捷流畅的信息体验，也拥有线下实体店体验产品带来的踏实放心，而联系这两个环节的就是在线支付功能。没有在线支付，用户从在网上选好心仪的产品到去实体店购买，这中间很可能产生无数的变数，毕竟一般人不会每天都出去买东西。而有了在线支付，就能保障用户不会出现被其他因素干扰，以至于"忘记"去买你的产品的情况。所以，企业必须保障其在线支付服务的快捷与安全。

在线支付不仅是支付本身的完成，是一次消费活动得以最终完成的标志，更是消费数据唯一可靠的考核标准。以团购为例，如果某团购网站没有在线支付功能，仅凭网购后自家的统计结果去和商家要钱，双方肯定会因为实际购买人数的统计无法统一而产生纠纷。

（3）注重本地化营销

从长远来说，营销的一个发展趋势就是本地化。以自身位置为坐标查找附近信息已经成了很多人经常使用的手机功能。不论你是本地居民还是到这里游玩的游客，都可以通过搜索附近商铺来找到自己需要的各种服务，因此，商铺必须做好本地化营销。

麦当劳曾在瑞典做过一次将O2O与本地化相结合的营销活动。消费者登录活动网站选好自己喜欢的麦当劳食物后，可以在街头的麦当劳广告看板玩小游戏，游戏挑战成功后，就可以到附近的麦当劳免费获得当初在网上选好的食物。这种方法成功地将附近的人吸引到了麦当劳餐厅里消费，最大限度地开发了来自本地的客流量。

（4）实力不足创意补

传统企业本来就不容易接受移动互联网思维，就算有点互联网常识，大多也会被几个早已炒烂的案例限制住想象力。其实，O2O是未来的发展方向没错，但它并没有那么难，中小企业并不需要像百度、阿里巴巴那些巨头一样把精力放在完善生态链、塑造闭环帝国上。只要敢于突破传统思维，传统企业就有可能玩转 O2O 营销。

以危地马拉的时尚运动鞋品牌 MeatPack 为例，它在自己推出的顾客积分 APP 中添加了一个有趣的插件：当安装该 APP 的用户走进耐克、阿迪达斯等竞争对手的门店时，GPS 功能会立即向他们显示 MeatPack 的倒计时优惠信息，最开始的优惠幅度高达 99%，之后每过 1 秒就减少 1%，当用户走进 MeatPack 的门店，倒计时就会停止。这种明目张胆的抢客户行为取得了不小的战绩，一周之内就有 600 多名顾客从耐克、阿迪达斯的店里跑出来。

MeatPack 的成功让我们发现，原来用户对大品牌的偏爱并没有到非买不可的地步，对中小企业来说，只要找准刺激点，并采取合适的创意，就能打大品牌一个措手不及。

2.全面剖析 O2O 试水案例

从 2010 年异军突起到之后的疯狂成长，O2O 让许多企业如痴如醉。虽然现在很多企业已经不再热炒概念，而是踏踏实实地去布局、发展，但这不代表现在研究 O2O 营销的成功案例就失去了价值。移动互联网时代，O2O 终究是大势所趋，无数新企业都会先后涌入其中，它们需要看清楚前人究竟是怎么探索这种新的营销模式的。

下面就来介绍一下近两年 5 个试水 O2O 的经典案例，它们各有侧重，也各有成败，相信对不同的行业从业人员会有不同的借鉴意义。

（1）最顺畅的 O2O：绫致时装

丹麦著名时装品牌绫致时装很早就和微信开始合作了。它先是通过线下店面的微信扫码将用户链接到线上,之后又通过线上线下的搭配使得消费者看到更多的绫致时装。这种做法令线上得以享受线下的流量,线下又能享受到线上的种种服务。合作半年左右,绫致时装基本打通了其线上线下的结合。

绫致时装的这种O2O模式受到了同行的肯定,但模仿的门槛比较高。通常服装品牌的O2O会遭遇线下各店铺反应不积极、各商场促销折扣无法统一等问题。而绫致时装由于做的是直营店,而且服装价格统一,因此不需要考虑这些因素。

(2) 最踏实的O2O:银泰百货

银泰百货一直是零售业的标杆企业,银泰的O2O营销策略的重点是对用户的识别、定位与互动。银泰的线下大型百货商城和购物中心基本完成了全场WiFi覆盖,用户进入商场后若是打开WiFi链接,附近的门店就会向其推送各种消息。这些消息相比街头随机派发传单要更加精准,因为这些消息是店铺在分析该用户在全网的消费记录数据后,按照其消费偏好筛选的。

这也是大数据时代,零售业O2O发展的一个主要方向,即贯通线上线下的数据,为潜在用户提供个性化的精准营销服务。

银泰的这种做法在零售业中并非个案,但无疑它是做得最早,也是最踏实的。这也吸引了互联网大佬阿里巴巴的注意。2014年3月31日,阿里巴巴集团宣布53.7亿元港币投资银泰商业集团,这笔交易被业内人士看作马云布局O2O的大手笔投入。天猫虽然在每年双十一都取得了惊人的销售额,但由于受到众多线下商家的抵制,所以其O2O进展并不顺利。这次马云投资银泰,就是看中了它在这块的稳固基础和丰富经验。

(3) 最标准的O2O:居然之家

居然之家是融家具建材市场、乐屋家装、居然在线、丽屋超市等多业态为一体的大型主题购物中心。作为传统企业，居然之家虽受到天猫的围追堵截，但它并没有束手就擒，而是开始了自己的 O2O 战略。居然之家的战略目标是打造建材家居领域的垂直平台电商，从标准 O2O 模式切入，按地区设立分站点，坚持线上线下"同一经营主体、同一产品、同一价格、同一服务"的四同原则，让电商与线下的家居卖场之间发生真实而剧烈的化学反应。

由于家居建材行业比较特殊，销售的几乎都是大件商品，在验货、物流、安装等方面容易产生种种问题，而单纯的网购缺乏体验感，所以并不受到人们的追捧。因此，家居建材电商必定要采用"线上线下共同发展"的 O2O 模式。当然，这种模式也意味着家居建材企业将来一定不会只是一个线下的家具卖场，它还会成为一家数据和 IT 公司。正如北京居然之家电子商务有限公司总经理汪小康所说的那样："O2O 模式的实质便是实现线上线下无缝融合，基础则是数据一元化。未来，居然之家要实现三个层面的数据统一：一是实现所有店面的数据统一；二是实现线上和线下的数据统一；三是实现居然之家和品牌商户的数据统一。当所有数据实现统一，居然之家便可通过 O2O 模式实现全渠道营销。"

(4) 最成功的 O2O：星巴克

星巴克是最早触网的传统餐饮企业之一。早在 1998 年，星巴克就有了官方网站 Starbucks.com。星巴克 CEO 霍华德·舒尔茨曾打算把星巴克打造成一家通过网络销售咖啡、厨房用品等产品的互联网公司。

星巴克也可以说是最早触电 O2O 的传统企业之一，它通过提供免费线上服务为线下门店吸引并留住了大量顾客，在大幅增加收益的同时，还树立了良好的品牌形象。在移动互联网发展迅速的时候，星巴克第一时间组建专门团队运营其 Facebook、Twitter 和 YouTube 账号。很快，星巴克就成为了各大社交网络上最受欢迎的餐饮品牌之一。这些都为星巴克的 O2O 战略打下了良好的基础。

2009 年之前,星巴克开始为客户提供短信查询附近门店的服务。2009 年 9 月,星巴克正式推出了 APP "myStarbucks",通过它,用户能更快捷地查询附近的店铺及菜单信息。此后,星巴克相继推出了多款手机应用,通过种种有趣又实惠的方式保持移动互联网端的营销热度。2011 年 1 月,星巴克再迈出关键一步,推出自己的移动支付客户端,这一年,星巴克在移动端就获得了 2600 万美元的销售额。紧接着,在 2012 年 8 月,星巴克向移动支付企业 Square 投资了 2500 万美元,3 个月后便正式在其门店使用 Square 刷卡服务,并通过 "10 美元购买激活即送 10 美元余额" 的方式进行推广。这些举措为星巴克的 O2O 线上线下融合起到了不小的加速作用。

目前为止,星巴克已成功建立了 "官方网站+网络社区+社交媒体" 三者紧密结合的线上运营体系。从 O2O 的角度来说,星巴克的线上部分已经能够高效地负担其品牌推广、产品销售以及客户关系管理。通过近几年在移动支付领域的投入,加上移动互联网的发展特点,星巴克的线上和线下已经实现高效无缝融合。

(5) 最边缘的 O2O:京东商城

O2O 的影响力并不只局限在生活服务、门店零售等 "看得见" 的地方,仓储、物流等配套服务也深受其影响。京东由于缺少自营的线下门店,所以它更倾向于做平台型 O2O,但另一方面,它又不具备天猫这样的巨大流量入口,所以,它将重点放在了自建的物流网络上。据悉,在京东负责 O2O 的正是其物流部门的负责人,由此可见其 O2O 战略必定是建立在物流基础上的。

2013 年开始,京东立足于供应链的整合与优化,在仓储物流推行六大举措,分别是:开通 400 热线,实现便捷沟通;建立快速通道,提升入库效率;实施 "当日预约,次日送货";筹建转运中心,支持全国铺货；推广协同发货，缩减交付周期；开放仓储服务，实现跨越发展。同时继续在成本控制、库存优化和信息共享等方面发力，为供应商提供最好的仓储物流服务。

截至 2014 年 3 月，京东已建立了总面积超过 130 万平方米的 82 个仓库，覆盖全国 476 个城市的 1485 个配送站点。京东首创的"211"限时达、当日达、次日达等服务，也早已成为全国电商行业的配送服务标杆。不要小觑这种优秀的物流能力，正是它最大限度地释放了中国互联网的在线购买力。

京东主打的以物流为基础的 O2O 平台战略为厂商提高了货物周转率，降低了其周转时间成本，从而达到了优化整个供应链布局的共赢结果。

美特斯·邦威：用科技"绑架"消费者

O2O 的最终目的就是打通线上与线下，让消费者享受无缝服务，这也是 O2O 营销的关键所在。设想一下这样一个场景：当你在一家服装品牌的店面逛累了，走几步就可以找个地方舒服地坐下来喝喝咖啡，看看报纸杂志——这一切都在这家门店内发生。如果这时候你还想继续挑选这家店铺里的衣服，又懒得再起身，就可以拿出移动设备连接店铺提供的 WiFi，进入店铺的官网，或者用该店铺的 APP 进行线上选购，选好了由店面服务人员拿来让你试衣，满意的话你可以选择现场付款，也可以在移动端在线支付……这就是 O2O 的真实价值，也是零售等行业未来发展的方向。

当然，这种场景并非只是设想，著名服饰品牌美特斯·邦威（简称美邦）已经开始了这种高级 O2O 的尝试。

美邦是服装行业内公认的 O2O 做得比较领先的企业，其电商起步较早，2009 年即已搭建电商平台"邦购网"。2013 年，美邦在其他企业还在对 O2O 持观望态度时率先将 O2O 战略落地。2014 年，美邦新开设的重庆新华国际店已经实现了上面说到的 O2O 消费场景——此时,许多其他著名服饰品牌还停留在策化 O2O 策略的阶段。

下面,我们就来看看美邦的 O2O 营销究竟有哪些值得关注的亮点。

(1) 在线下设施中嵌入线上服务

美邦在重庆的体验店是一家全品牌集成店,囊括美邦旗下的 Meters/bonwe、ME&CITY、ME&CITYKIDS 和 Moomoo 四个品牌,消费者可以从这家店里找到从儿童到成人的所有服饰品类。全品牌意味着店铺占地面积大,美邦重庆店共有四层,为了让顾客感受到最好的线下服务,也为了最大限度地激发顾客的购买需求,美邦在店内设了咖啡吧,里面提供免费书刊浏览。

通常情况下,消费者逛街逛累了会选择找家餐厅或咖啡店休息,之后便不会再去同一家店。美邦的这种设置避免了这个问题,消费者在美邦的咖啡吧休息之后,还会继续待在美邦的店铺里挑选商品。另一方面,美邦还在咖啡吧提示消费者:这里有免费的 WiFi,你可以登陆邦购网,或者登陆美邦 APP 在线上购物。美邦用咖啡吧留住逛累的消费者,再用线上服务来进一步挖掘用户的购买需求,效果显而易见。

(2) 用"时尚顾问"升级用户体验

美邦为了融合线上线下,提升顾客的消费体验,在很多方面花了不小的心思。

在进店的地方,有一个显眼的万花筒电子屏幕,让消费者一进门就感受到浓浓的科技感与现代感。这在提升美邦店面档次的同时,也促使消费者在美邦的店里更加倾向于使用科技产品。为了进一步提升顾客的消费体验,美邦在每个楼层都设置了名为"时尚顾问"的互动装置,顾客只要扫描一件衣服的条形码,该装置都可以立即为顾客提供相关的搭配意见。在试衣间,内置在 Pad 上的搭配推荐系统也会给顾客显示搭配效果,让消费者在试衣之前就能了解所选的衣服怎样搭配起来更好看。

该系统不仅能显示搭配方案，还能列出该商品的详细信息，在方便顾客挑选的同时，也提高了美邦工作人员的工作效率。

(3) 打通线上支付，完善售后环节

如果消费者对推荐的搭配比较满意，可以直接在 Pad 上登陆云支付系统进行付费。消费者如果看中了系统推荐的搭配，线下试穿比较满意，又懒于去排队结账，就可以直接在 Pad 上扫描支付。美邦目前支持支付宝和微信两种支付方式。同时，邦购网与美邦 APP 也接入了线上支付功能。

除此之外，如果某家店铺内出现缺色断码的问题，美邦也通过 Pad 联网的方式提供了完善的解决方案。消费者如果在一家美邦店铺看中喜欢的衣服却被告知缺货，美邦就会在线联系离消费者家最近的美邦店铺进行配送服务。这种做法既最大限度地减少了销量流失，也提升了顾客对美邦品牌的好感度。

(4) 积累数据，建立客户关系管理系统

美邦认为，要做好 O2O，就必须在宏观上给予足够的重视。除了领导层的重视程度，还有整个团队的互联网思维训练，以及线上营销的团队建设与长期经营。美邦在通过微信订阅号向附近用户推送促销信息外，还通过店铺内的 WiFi 数据来检测用户在哪层停留时间较长，对哪些商品的挑选次数更多。加上线上购买记录数据，美邦期望能够建立一个完善而精准的客户关系管理系统。

美邦的 O2O 营销策略有很多值得借鉴的地方，它以提升用户体验为基准，开发出了很多让人耳目一新的软硬件设施，其中，"时尚顾问"是一个不容忽视的亮点。在咖啡吧提供 WiFi 虽然也是一个妙招，但其作用体现在用户休息时，对现场消费的刺激不够。而"时尚顾问"主要服务于顾客的购物阶段，在通过高科技装置为用户提供高级体验

的同时，也通过"直观显示搭配结果"悄悄改变了消费者的消费习惯，极大提高了美邦的销售效率。通常情况下，顾客为了买一件合适的衣服，会反复挑选和试衣，时尚顾问的出现帮助他们更加直观、便捷地找到最适合自己的穿衣搭配，提高购物效率的同时，还能刺激他们进行关联消费。这种用科技改变消费者的消费习惯，进而提升业绩的策略值得大家借鉴。

"激进"的苏宁：O2O 是营销，更是革命

O2O 不只是说一个店既要在线上也要在线下，其产业本身也有 O2O 的问题。零点研究咨询集团董事长袁岳表示："再过十年，绝大多数企业都是 O2O 的。过去 O2O 可能只局限于某个公司内部线上和线下业务的对接，而在未来，O2O 势必会改变产业形态。"苏宁的 O2O 营销战略印证了袁岳的观点。

(1) 大船转弯：苏宁全面 O2O 化

苏宁坐拥 1700 多家门店和每年千亿的交易额，只要在现有模式下进行优化调整，就能实现稳步增长——尤其在中国零售业整体仍处在粗放式发展的前提下。但苏宁既没有偏安于实体零售，也没有一门心思发展电商，它选择将 O2O 当成自己的战略转型目标。

2013 年 6 月开始，张近东要求苏宁线下实体店商品价格全面向线上看齐，这种降低线下毛利的做法要求线下店面提高运营效率，进而对苏宁集团的原有业务组织架构也提出了新的要求。这场激进的 O2O 革命是苏宁的冒进之举吗？不然！我们下面就来详细分析一下苏宁的 O2O 战略究竟有何玄机。

我们知道，对零售业 O2O 来说，最大的难题在于如何打破横亘在线下和线上渠道间的诸多障碍：定价、服务，沟通等。苏宁为了全面实现 O2O，在这些方面做了不小的努力。

第一，线上线下的组织融合。

首先，苏宁力图实现线上线下的组织融合。零售业的O2O业务发展首先需要的就是打破原有的组织架构，将线上线下两大业务板块的组织与人员进行融合，将其合二为一。在这个基础上，将原来各自独立的两个渠道的采购、仓储、配送、营销策划等板块进行完全融合，在资源共享之余，还能实现成本控制与绩效考核的统一，提高集团的运作效率。2013年，苏宁就对其组织架构进行了全面调整，其电子商务及其平台原有的采购、供应和定价等职能全部划归商品经营总部。2014年初，苏宁又将负责线下门店的连锁平台经营总部与负责线上苏宁易购的电子商务经营总部进行了整合，组建了"运营总部"。与此同时，苏宁线上线下的物流、客服等部门也实现了全面的融合。

第二，线上线下的商品陈列融合。

由于零售业实体门店会受制于时空，顾客不可能有效地浏览所有商品信息，而互联网的发展则给了实体门店创新陈列方式的机会。通过互联网虚拟陈列技术，现在网上商品已经可以在门店有限的空间内得以无限延展。虚拟货架、二维码、视频展示等多种方式都极大拓展了零售企业的销售空间和销售时间。同时，线上的商品陈列还能与线下门店进行互动，顾客的购物体验将变得更加顺畅。

第三，线上线下的商品价格融合。

除了购物效率的差异，线上线下的价格差异也是电商分流实体店销售额的重要原因之一。现在的网购趋势愈发明朗，顾客多通过比价等多方式挑选出性价比最高的网站下单。其实，消费者也知道，羊毛出在羊身上，这些折扣的背后是相应的服务、质量保障等方面的损失。因此，同一商品尽快实行线上线下价格统一，并提供同等服务，是既能防止电商间恶性竞争，又能解除消费者担心的必然之举。2013年6

月,苏宁率先实行双线价格统一,不再把营销的精力放在价格战上,而是以店面为平台,通过让实体店员工熟练运用社交网络工具进行精准营销等方式来为线上引流销售,进一步深化其O2O模式。

第四,线上线下的流程与服务融合

移动互联网时代,消费者的购物路径呈多样化趋势。其消费需求既可能产生于逛街过程中,也可能产生在家里、办公室里,甚至在上班路上。因此,单一的渠道无法满足其消费需求,更无法满足企业自身的营销需求。2013年以来,苏宁通过其对商品线上展示的推进,对快捷支付和仓储配送的投入,使得消费者可以自由地切换购物渠道:可以在线浏览、付款并享受配送服务,也可以网上下单后去门店验货自提,还可以在门店选中下单后上网支付。当然,苏宁的服务并不止于此,它积极利用互联网技术,对售前、售中及售后的服务进行一体化融合。2013年10月,苏宁将其线上线下的会员体系打通,保障所有苏宁会员的相同权益。

(2) O2O 不是手段,而是方向

经过大刀阔斧的改革与高效的执行,苏宁的O2O模式很快就突破了线上给线下导流的原始阶段,并开始线上线下多方式无缝融合的中级阶段。其线下客流量与订单量因此成倍增长,线上苏宁易购的移动客户端销售更是猛增10倍,各项指标都刷新了记录。

苏宁的O2O模式告诉我们,O2O绝不只是一个新鲜的概念,不只是一种简单的营销方法,它更代表了未来的发展方向。因此,企业的O2O营销不能流于表面:建立一个网站,开发一款APP,或是在实体店里放个Pad……这些零碎的举措远没有触及O2O的核心价值。试想一下,连苏宁这样的巨头都开始为了O2O进行大刀阔斧的深化改革,众多中小企业是不是更应该及时反思自己的O2O战略呢?

3.二维码：一键连接线上与线下

就现在来说，二维码已经随处可见：杂志里、广告牌上、商务名片上，甚至有人把它们印在 T 恤衫上。它们已在悄然间占领了我们生活的每个角落，我们甚至来不及回忆是从什么时候开始习惯了这些奇怪的正方形图案的。

20 世纪 90 年代中期，丰田公司的一家子公司为了追踪汽车配件发明了二维码。如今，二维码由于成本低、输入速度快、准确率高，已经渐渐成为人们网上关注、购物、支付的方便入口，也是企业进行线上营销的关键阵地。二维码一键连接线上与线下，极大增加了用户参与营销活动的便捷度与趣味性，所以也是 O2O 营销的主要手段之一。

对市场营销人员来说，二维码的潜力和应用都不可限量，因为二维码几乎可以用任意尺寸打印在任何地方，而且不会影响用户的扫描效果。消费者扫描二维码后立即就能登录到相关网站或交互式广告平台，这对 O2O 营销来说是最快速便捷的通道。虽然也有人对二维码的移动互联网营销作用持怀疑态度，如 Comscore 移动高级副总裁马克·多诺万就说过："有很多方法可以将移动营销有效地整合到现有的媒体和市场活动中，以便接触到目标消费者群体，而二维码只不过是其中之一罢了。"但这些意见并不能掩盖二维码风头正劲的事实。

时下，众多以年轻时尚人群为目标的平面媒体都把目光投向了二维码购物上，他们在服装、化妆品、包的图文介绍旁边都加上了相应的二维码，让读者在阅读报刊产生购买欲望时可以立即通过拍摄二维码跳转到购买页面。这种模式被广泛使用，甚至渐渐成了二维码营销的标准模式。不过，这种做法虽然看起来很有针对性，也在事实上取得了不错的效果，但其本质上和网络购物没有区别。二维码作为链接线上线下的高效通道，其最具有战略意义的营销方式应该是通过互动来增加产品人气。

著名内衣品牌维多利亚的秘密（下面简称"维秘"）就做过一个经典的二维码互动案例，它在户外放置了一个诱惑力十足的广告牌，广告牌上的模特一丝不挂，只在胸前盖上了二维码，旁边配的广告词是"RevealLily's secret"（来揭开莉莉的秘密吧）。很多用户被吸引拿起手机拍摄该二维码，结果答案揭晓，原来，二维码背后是"维秘"的系列内衣。显然，路人不会觉得被"维秘"戏弄了，相反，他们会记住"维秘"的这次创意营销，也会记住"维秘"的内衣带来的诱惑。

为解决超市中午人流量和销售量低的问题，韩国 Emart 超市也利用二维码进行了一次创意互动营销。它在户外设置了一个 QR 二维码装置。一天中的其他时段都扫描不出这个 QR 二维码链接，只有在正午当阳光照射到它上面产生投影后，这个 QR 二维码才会正常显现。此时用手机拍摄这个 QR 二维码就能获得超市的优惠券。这一营销措施成功吸引了很多客户在中午来 Emart 超市购物。

二维码可以链接的东西很多，除了图片，还有音乐、视频等。国内也有过许多尝试，如畅销书《我们始终牵手旅行》的封底上就有一个二维码，扫描之后就会发现，这是该书作者左手的一支同名单曲。这一模式现在已经成为图书营销的必要步骤，绝大多数书籍都会在背面印上二维码，或是该书作者的个人信息，或是该书出品方的微信公共账号，亦或是同系列其他书的销售信息。

给用户一个拍二维码的理由

无论采用何种二维码营销模式，都需要解决一个问题，那就是用户为什么要去拍摄二维码？虽然这个过程并不繁琐，但移动互联网用户却不喜欢做没有意义的事。因此，企业不仅要让二维码营销动起来，还要用创意给用户一个动手拍摄的理由。

一次车展上，汽车商没有像惯常那样单纯用靓丽的模特来吸引眼球，而是在模特胳膊上印上了别致的二维码。这种做法有一个先天的好处，那就是本来人们在车展上就会习惯性拿出手机来拍照，这样就省去了刺激用户拿出手机的过程。当然，汽车商也没有忘记模特的作用，在二维码拍摄后的转换内容里，不仅有汽车的车型等信息，还有该模特的姓名、身高等。此外，人们还可以通过二维码与车模进行加关注、发消息等互动。

为了区别于传统的黑白相间、缺乏美感的二维码，很多企业在二维码形象上进行了创意设计。

移动、联通、电信、红星美凯龙等企业就尝试将自己的 LOGO 设计成个性化二维码。联通把其二维码设计成了与 LOGO 相匹配的中国结样式，让用户感到很新奇。时代华纳公司旗下的 HBO 电视网在其吸血鬼题材的剧情片《真爱如血》（True Blood）的电视广告中，使用了滴血的二维码图案。

二维码营销结合社交网络

仅仅让二维码变化一下形态还不够，要想真正开启二维码营销市场，未来就一定要把二维码和社交网络相结合，快速融入移动互联网的世界中。未来，二维码的一个发展方向应该是通过拍摄链接到有价值的信息，并设置社交账号的快速入口，方便随时保存、分享到自己的社交账号，并关注信息发布者的社交账号。这样，用户和企业就可以在社交网络上进行进一步交流。同时，为了解决现在很多用户在拍完二维码之后，因为没有看到自己最在意的信息而选择忽略造成的用户流失问题，企业应该在二维码链接平台上设置人工服务功能，为用户提供即时服务，进一步提高购买转化率。

如此一来，二维码营销就能从简单粗暴的广告投放和单纯的创意设计中跳出来，形成一个以二维码为沟通链接的更加精准的营销渠道，其所能给企业带来的营销效用将不可限量。

4.微信 O2O 营销应用前景

在微信发展的如此火热之际，微信营销也成为了必然之举。但企业切不可盲目跟风、草率行动。不论是发布电子优惠券还是电子购物卡，企业开展微信营销的关键都在于是否能深入消费者需求并实现最终的收益。

微信 O2O 线下操作的一些问题

从草根的角度来看，目前做各类媒体微信号的很多，盈利模式可以是广告或者是与线下商家合作。微信本质上就是个广告平台，靠产品服务拉拢用户后售卖广告资源，不同的是，未来看广告的用户也会付费购买增值服务。草根想在广告平台上再做广告平台，没有足够的资源显然是不靠谱的。单纯直推线上广告主的广告还比较简单，拥有足够价值的粉丝数量就可以接单。粉丝是否满足精准要求是没法衡量的，仅能从微信号的定位上大概圈定，其广告效果相对来说比较容易监控。做本地微信号的不仅需要持续提供有价值的服务给本地粉丝，更重要的是如何与线下商家谈判合作。团购作为 O2O 中的一部分，它失败的原因之一就是没法把控商家，造成服务质量的参差不齐甚至是消费欺诈。所以，本地微信号将面临粉丝量和线下商家合作两大难题，一旦合作范围扩大却没有一定的资源支持，就会导致团购网站那样的失败。

打个比方，草根拥有了一定数量的粉丝之后与商家进行谈判合作，首先遇到的就是商家的选择问题。如何切合自己粉丝的需求，挖掘商家的需求，这中间需要的不是理所当然，而是实实在在的市场调研。为了保证不出现上述团购网站的问题，在目前商业诚信普遍缺失的情况下，对于线下商家的筛选也是必不可少的。找到目标商家之后，还得解决商家是否具备一定的互联网素质，认不认同这种新的营销方式，你目前拥有的粉丝数量能有多大程度上的变现，商家能从中分配到多少利益，这种合作方式能否持久下去等问题。草根毕竟在谈判中处于弱势地位，话语权掌握在商家手上，制定限制商家行为的规则显然是不现实的，这时候要使合作达成，就必须让出较大部分的利益。不扩大合作范围就没有可观的收入，草根可以以点带面，先谈下本地规模较大的商家，再逐步扩展到其他商家。至于是选择有市场竞争的商家，还是各个行业挑选独家合作商，前者基于你的粉丝具有较为可观的变现能力，引进竞争就是为了对商家进行一定程度上的牵制，以保证线下的服务质量；后者则不利于保障自己的利益，一旦扩大合作范围，又将面临沟通协调导致的成本不断增加的问题。所以，草根做微信O2O营销不仅困难重重，甚至是不现实的。

从企业的角度来看，目前做 CRM（客户关系管理）是比较合适的

将微信作为电商新平台也不失为一种尝试，传统企业利用微信做电商就显得有点另辟渠道，亦或全线布局的意思。建议还是在主流的电商平台上试水后再进军微信，如果是因为流量成本过高和同质化竞争激烈等原因而转移微信，那么这一片蓝海迟早也会变成红海，毕竟，你能想到的别人也能想到。

目前接触和了解到的传统企业连基本的网络营销都没有做好，也摩拳擦掌地开始预热微信营销。不论是什么形式的网络营销手段，都跳不出市场营销这个大框架。传统企业有一定的资源优势去做好营销策划，但不能为了营销而营销，目前很多企业搞不懂网络营销确是事实。

微信为传统企业提供了一个快速响应服务的平台，没有服务意识的企业不适合做，不是直接面对消费者的企业也不适合做，例如制造业。利用微信提供服务的同时进行推销和维护客户关系，这仅仅是面对目标消费群体中的一部分微信用户，从中还得再筛选实际消费群体，也就是说，微信几亿用户基数上有交集的数量并不一定是可观的，甚至是没法精确去衡量的。在大数据时代下，任何营销都讲究精准，企业少浪费一分广告费就等于多赚一分利润。传统企业还得整合线下渠道，说白了，也就是网络营销渠道与传统营销渠道的整合。O2O更侧重于终端资源的整合，就这一点而言，无疑线下商家更有优势。

从商家的角度来看，利用微信开展促销活动和吸引会员消费可行性较强，做CRM的效果也可圈可点，但是一个最基本的前提还是你的实际消费群体是微信用户。就像广州地区开茶楼餐厅的做微信营销，来喝早茶的都是老大爷老大妈，想做成功那是不可能的。线下商家做O2O营销，即便在二维码技术还不完善的情况下，只将二维码作为入口的方式也能成功地开展。除了利用店面推广获取粉丝，接上"天气"获取更多的粉丝从而引导到线下消费，才是O2O营销的价值所在。但就目前而言，传统线下商家具备的网络营销能力还十分薄弱，与熟悉互联网的草根合作又不放心。单纯依靠微信稳固一部分本地客户之后，还要更深入地利用微信进行口碑营销。倘若在传统互联网上没法施展身手，那就集中精力拿下移动互联网。

总的来说，线下商家开展 O2O 营销还处于起步阶段，本质上与本地门户合作的方式并没有什么区别，只是合作对象换成了微信。这实际上也给商家提供了一个自建营销平台的机会，由粉丝构建的会员系统将是一座亟待挖掘的宝藏。

最后想说的是，微信下的 O2O 营销之所以没有能像星星之火可以燎原那般迅速发展，最主要的还是因为很多商家不能很好地整合线上与线下，两者是完全脱节的，操作模式也截然不同。只有零售商与厂家联手起来去打动消费者，O2O 营销才会有未来。

5.传统零售企业 O2O 变革之重

传统零售企业谈到 O2O，现实的情况大多是喜忧参半，在期待与踌躇中品味多味的苦涩。总体综合来看，零售企业对于 O2O 的期盼以及对目前销售的困顿与犹豫，主要集中在消费人物习惯及属性变化、产品销售模式变化、综合竞争力变化这三个方面。

消费群体变化：这个较简单，80 后、90 后在社会和家庭消费领域的崛起，其产品消息的获取、产品的购买渠道较以前而言有了很大的变化。

产品销售模式变化：主要指的是价值相对较低+品牌认知度高+标准及功效统一的产品。例如可口可乐，这类产品消费者大多熟知或经常使用，在其购买的过程中，产品信任度和使用体验感等因素已经不再重要，价格和便捷等销售模式因素却凸显了出来，这也是电商崛起的意识因素。

综合竞争力的变化:传统零售企业从骨子里、组织上到行为习惯乃至高层的思想上,都有一种天生的优越感。但面对环境的变化,传统意义上的产品,售前、售后、顾客沟通方式和服务便捷等方面都发生了巨大变化,相对而言,粗放的规模经济以及7×24小时客服无论在沟通方式上还是竞争力的比拼上,都已经略显疲态。

O2O作为企业战略的一部分,同时也是一个较为系统的工程。目前市面上各种O2O的臆想也好,专家言论也罢,其实都只是设计了一点或局部的O2O。下面就从传统零售企业自身、特点出发,站在企业宏观上剖析传统零售企业实施O2O的主要痛点。

(1)营销之痛(费用与方法)

O2O的到来和这种模式,首先把online放到了第一位。因此,传统零售企业在O2O市场营销方面至少面临三大核心问题:

第一,传统媒体固有人群与互联网年轻化网民这两大类不同属性间的营销理念、方式和手法的整合。

第二,从媒体的属性、覆盖上来看,传统的媒体方式通路有其弊端和局限性的同时,也有其互联网所不具备的天然优势。这两种媒体渠道方式如何有机组合,形成整体合力1+1>2的效果,目前业内尚无明显的典型案例出现。

第三,站在市场费用预算的分配角度看,O2O本身需要线上线下双路出击。原来已有的线下市场营销在维持既得利益的局面上不能放弃,而线上市场营销又刚刚起步,属于初期发力阶段,其投入往往比成熟阶段大得多。在预算有限的情况下,线上与线下二者营销费用的平衡的痛楚将实实在在地烙印在营销人员的心底。

(2)人才之痛

你要说传统零售人才不懂互联网,他们会跟你急。很多线下人才谈到互联网时往往也是口若悬河、滔滔不绝,但实际的运作和实施却是另外一回事儿，这些绝不是简简单单地看几本书、看看网上的文章就能学会的。此外，更为重要的是线下人才互联网思维缺失。

其实，传统互联网和电子商务与O2O中涉及的online不同，O2O中的online必然是抛去传统网络浮躁、电子商务膨胀的精华，其对人才的要求也绝不是简简单单线上出身的人就能做的。

而网络出身的人对于线下实体经济、门店经营等往往不熟悉，尤其是大型传统零售连锁企业，光企业自己独创的规章制度、文化等就够外行人学几个月了，更别提融合操作销售了。尤其是O2O所涉及的仓储、物流供应链等领域，更是互联网人的空白。

(3) 经营之痛

谈到O2O，一个很现实并艰难的问题就是，企业内部有限的资源在既得利益和未来利益间如何平衡。如果将有限的资源全部投入到未来利益上，那么现实的利益如何保证？在未来还没有转变为现实前，企业应当如何生存？而若将有限的资源向既得利益倾斜，未来的发展同样需要大量的投入和培养，如果视而不见，那么眼前再好的既得利益和大好河山都只不过是今朝有酒今朝醉的典型败家子罢了。O2O的建设、投入和实施相比既得利益发展的平衡问题，选择不同，命运往往是截然不同的。

(4) 前端缺失之痛

这是个不争的事实和现状。且不谈现在仍有很多大型企业没有自己的网站，即便有网站，也基本全都是用来展示和粉饰面子用的，以O2O的视角看，毫无价值和意义。

随着阿里和京东的陆续上市，电商这个领域里也出现了高度的集中化趋势。这些都为传统零售企业的O2O建设，以及互联网、移动互联网前端建设带来了不小的成本和困难。

作为移动互联网客户端本身，想要只凭单纯简单的购物功保持用户的粘性和活跃度,除了倒贴钱,比其他渠道更亏本卖之外,目前似乎也没有更好的途径可以破局。

(5) 会员之痛 (原来的数据几乎无用)

第一,不同用户群需求整合。

线上用户群,从购买过程、决策方式到传播的途径,都与线下传统购物人群有本质的区别.传统零售企业在硬件整合O2O的同时,也要站在用户的角度考虑如何整合资源满足不同渠道用户的不同需求,这是一个痛点。

第二,会员。

会员大数据之痛,这点实在可惜。很多传统零售企业做了十几年甚至几十年,早已积累价值不菲的品牌和为数众多的会员基础,这些会员基数少则几千万,多则过亿。这些数据在原本的传统线下零售领域,除了积分或换点东西外,几乎没有任何现实价值。可现在O2O来了,以大数据、精准的电子商务化的方式结合线下,当传统零售企业开始O2O,并按照互联网化的数据标准去衡量、分析和利用这些数据时,却发现,自己这么多年积攒的数据不是完全用不上就是基本不能用,为什么?

原因很简单:其一,会员和会员信息是动态的,你不维护和清洗,几年之后,会员联系方式和地址都变了,原来的数据当然也就不能用了。其二,会员数据分析标签少。很多传统零售企业的会员卡仅凭身份证就能办,而更多的会员信息、购买记录却基本没有;即使有,在原有模式内也无法产生价值。

(6) 战略之痛

讲到战略,其实O2O本身就是为企业战略服务的,其自身无非就是资源的再次融合,根本谈不上什么战略。这点和二战时的闪电战很像,战术很成功,但根本不是战略。

第一，发展线下还是线上？

传统零售企业在实施 O2O 时，不仅会遇到实践互联网化和互联网模式的弊端和难处，同时也会面临线下主流购物人群消退、租金成本上扬和人力成本紧张的问题。因此，在 O2O 线上与线下的两难中，企业需要作出选择。到底是线上战略为主还是线下战略为主，其实就是谁为谁配套和服务的问题。

第二，依靠自身还是依靠外部？

对于企业 O2O 的本身发展，企业一开始会有两种选择：一是企业自己去做全部的产业链，包括前段网站、客户端；二是依靠现有的线上流量平台去发展，这里面会涉及流量、引流和营销成本等一系列问题。企业独立自己发展，可控性强，但成本高、周期长，且有失败风险；而依靠现有的流量平台，自身发展有限不说，关键是互联网引流仅仅是 O2O 的一个环节，这个环节会吃掉线下引以为重的利益价值，而仅仅把线下作为一个硬件的服务。如果一个巨人被孩子骑在头上，拿走全部的利润价值，巨人就剩下干苦力的份儿，这个也是需要反思的。

(7) 系统之痛

遥想当年，企业为上一套 ERP（企业资源计划）而高兴自豪不已，以为一下子进入了信息化时代。其实，这种线下传统企业系统无外乎三类情况：

第一，大多数情况都是刚上的时候很热情，之后就放到了一边。

第二，用起来不爽，中西结合，土法上阵。

第三，各业务板块都有各自的系统，各自逻辑通顺，但未整合。

这三类情况在目前绝大多数传统企业都较为普遍，这些情况都是 O2O 实施过程中重要或者要命的环节。不是零售从业者对 O2O 理解不深，不是不知道什么叫先进，而是想要把系统打通太难了。他们不是两家系统服务商，有时候是七八个，一个优惠政策，在八大系统中顺畅运行，可不是一句话就能解决的，那需要多个厂商、几十上百号技术人员来回磋商。所有当年骄傲过的，现在都体会到痛苦了。

（8）任务考核之痛

谈到业务，必然要有执行；讲到执行，必然要有责、权、利。责既考核，O2O作为设计线上线下的两套业务融合，其考核对于企业经营者和老板来说是颇具挑战性和阶段性的任务。若O2O销量任务全部考核线上，那就显得尤为不合理，因为销售是在线下完成的；而若全部考核线下，虽然看起来很合理，但线下作为一个最终的承接，销售的很多引流环节也非其能够实现销量的关键。因此，片面地考核线上与线下都有局限性；而不考核，那O2O之事肯定无法做成。

（9）内部整合之痛

内部整合之痛是最重要和最困难的环节，这主要反映在四个方面：

第一，不同分公司和业务体系间的有机整合。大多是集团，其不同业务板块都是分布在不同二级分公司和不同主管副总手中。O2O受利益分配和前期各业务体系投入的问题的影响，在公司现有利益和管理机制下，往往很难有实质性突破。

第二，客服整合。随着线上线下双业务的开展以及电子商务的爆发发展，国家对电子商务网站的客户服务及退换货标准进行了严格规定。这样，也人为地在政策环境下造成了线下与线上客服标准的不统一。

此外，传统零售企业由于其历史长期的发展，早已积累了一整套完备的线下客服、投诉处理流程和方式，这些方式对于传统线下业态的零售是合适的，但面对线上这种更快速、实时或更方便的客服要求时，则显得力不从心。包括客服和沟通的方式、渠道等，都与线下不同

第三，财务整合。这其实很简单，线上线下财务收支两条线就可以了。O2O涉及财务的方面很多，包括商品采购、货款、商品退款，

以及日常零售门店经营管理规章制度和线上及 O2O 需求融合等多方面的艰难对接和整合。

第四，供应链整合。供应链的整合在 O2O 领域里其实是一件能够节省企业成本、加快效率的事，但这种整合在原有的传统零售企业内必定会涉及一部分人的利益。

（10）数据之痛

大数据说起来容易，实现了价值巨大，但实施起来却无比艰难。这点主要体现在下面几个方面。

第一，基础建设。这也是最起码的，企业要建立数据库，进行数据分析与挖掘，包括组建专门的人员机型系统开发、维护和数据挖掘。

第二，零售门店的硬件建设，智能的商业 WIFI 是实现 O2O 门店销售和线下数据收集的重要手段和方式。

第三，线上线下的数据融合本身也是一个新的问题。

第四，数据效应。数据效应一直以来都是 O2O 追捧者们所津津乐道话题，但数据的效应有个必然的前提，那就是数据积累，这个没有一定的数据量是很难实现数据的价值和意义的。

（11）产品之痛

产品之痛，主要是分为几个方面。

第一，产品来源。现在越来越多的产品生产厂家开始重视电子商务，包括为了使得线上与线下传统利益进行区分，也针对线上线下不同渠道进行了单品、品类和系列的区分，从而避免了线上电子商务与线下传统零售进行惨烈的价格战。而 O2O 这种方式综合了线上与线下，原来传统的线上线下商品之分将更加模糊和难以界定。

第二，产品组成。很简单，原来分属于不同渠道的商品组成和展示，将因为线上与线下人群的相互缠绕使得原来平台的商品难以满足掺杂后的多种人群属性和消费特征及需求.。

第三,产品定价。由于线上与线下的经营成本不同,消费影响因素不同,因此,同样的商品在线上和线下的定价原则和利润比例往往不尽相同。而O2O的到来更加模糊了这种界限,使得成本一词在O2O领域里更加难以界定,从而影响到产品的定价。

(12) 落地之痛

这也是目前在传统零售企业实施O2O过程中最难也最为重要的一个环节。其实,O2O战略的实施很大程度上就是一个企业O2O的终端落地和执行。

面对未知的趋势和发展,无论是站在自我保护还是既得利益的角度,很多人都会对新事物采取敌对或者保守的态度。终端线下人员的担心很现实,也很直接:O2O会抢夺门店原本有限的客流,会带走线下的销量,线下现有庞大的机构和人员会因为O2O而精简,很多人会因此失业……

站在技能层面,人都有懒惰性和保守性,新的业务上线必然会带动新的技能培训和学习。所以,在实施O2O时,企业要注意激励员工,通过组织措施、物质奖励等方式的结合,让员工从被动的接受、被动的完成任务转为主动的去实施、推荐和采用。

6.零售O2O怎么打造极致体验

首先,建立一个B2C网站,主营大型超市全品类商品,售价低于超市5%~10%,运费3元,满89元免运费。在同城选人口聚居区,大概每5000户家庭为一个单元,每个单元招募一个创业合伙人,合伙人负责所在单元推广、配送、维系、售后。合伙人是所在单元顾客唯一接触到的配送员，是实现极致体验的关键。只要是合伙人负责的区域业绩，一切收益与合伙人相关，每净增加一个新顾客，合伙人得20元推广费。每天15点前的订单集中配送到合伙人处，合伙人每天18~21点送货上门，每单得3元配送费。因为区域业绩与合伙人收益完全挂钩，所以合伙人有源动力为此区域顾客提供完美服务。

（1）第一次配送极致体验

顾客购物后第一次配送是实现极致体验的最重要触点，所以各方面都要考虑仔细。装商品的包装最好选择透明的塑料盒，将顾客订购的商品整齐摆放在盒中，盒子上印上网购平台广告和妥善保存塑料盒将回收的说明。

传统电商包装成本较高，本项目主营的超市商品是高购物频率商品，订单是从仓库集中直送合伙人处，合伙人分送给顾客。采用需回收的塑料盒装订单商品，不仅成本低，易于运输，而且体验好。有一定价值的塑料盒在顾客家中，下次购物时回收，这本身就会提醒顾客进行下次购物；如果顾客未再次购物，合伙人上门回收塑料盒时也能问询原因，再次争取顾客。

合伙人上门送货时，要做到热情礼貌，先轻声敲门或者电话联系顾客，一定要送货到户，不能让顾客下楼自取，要主动打开包装清点商品，做到唱收唱付。

如果顾客买了某些特别的商品，可围绕商品谈一些注意事项，比如告诉顾客一天吃7颗枣最好，可健脾胃增食欲，但多吃会胀气，湿热重的人不宜食用。此类服务需整理出特殊商品注意事项表格，有针对性地培训合伙人。

还可针对顾客购买的商品送一些低价值物品，比如顾客购买了凤爪之类的零食，可额外送一次性手套，让顾客感觉到被重视。只有当你的服务超过了顾客的期望，才能在顾客心目中留下深刻的印象。

和顾客第一次接触时，可以简要介绍一下网站的卖点，比如优惠专区、重物送货上门、下期优惠活动商品等，加深顾客印象。如果有合适的机会，可了解顾客的家庭人员结构，比如有老人、小孩、孕妇的家庭，针对他们的需求额外送一些优惠券，有机会可询问顾客意见，当场记录，建立反馈机制回访顾客。

离开时想想顾客需要什么帮助，说明如果对商品不满意时应该怎么做，询问是否需要帮忙带垃圾袋下楼。如果气氛融洽，可添加顾客微信，通过朋友圈加深与顾客的联系。

(2) 推广兴趣尝试购物

传统电商配送员只负责配送工作，本项目合伙人则还需负责推广，推广形式主要以小区传单、横幅、临时柜展为主，目的是让顾客产生兴趣，产生尝试购物行为。

品类齐全、价格实惠、最快 3 小时送达等是广告卖点基础，第一次购物送某些新奇礼品，或者送优惠券，或者凭优惠码 0.1 元购可乐等，都能促进顾客尝试购物。还可建立优惠专区，承诺每天最少 200 种商品惊爆价销售，把优惠专区作为尖刀武器宣传。

推广还可从用户痛点入手，比如油、米、饮料等重物到超市购买十分辛苦，网购不仅快速轻松，价格还更实惠。很多中老年人想网购，但不会网购，合伙人可提供上门教网购的服务，15 分钟教会一个网购者，获得 20 元推广收入，还能发展一个忠实顾客，这对合伙人来说十分划算。

推广还可从情感角度入手，比如写一封"至顾客的信"，写写合伙人的基本情况，真挚提出希望为顾客服务，触动人与人之间的情感联系，激发顾客以好奇和帮助的心态尝试第一次购物。还可以根据负责区域的实际情况善意提醒顾客，比如将停水停电通知、同城近期有意思的活动、应季注意事项、精选段子等顾客需要的信息印制在传单上，最后提出网购尝试期望，获得顾客好感好奇，激发其尝试购物。

大部分顾客需要数次推广才会尝试购物，总之，合伙人前期主要任务是推广，用不同主题的传单、横幅多角度、反复地激发顾客的好奇心和兴趣，达到促使顾客登陆网站尝试购物的目的。

(3) 转化顾客关系

上面提到了，推广能引发顾客尝试购物，配送能让顾客感到被重视。因此，如果能在之后的配送中重复前文提到的技巧方法，再结合商品齐全、价格实惠、快速送货等竞争力，整套组合拳出击，就能把顾客变成忠实顾客。

网站方定期提供数据报表给合伙人，分清哪些是高价值顾客，哪些顾客还有发展潜力，哪些是流失顾客，并提供相应的优惠券或礼品给合伙人，以便维系高价值顾客，挖掘潜力顾客价值，拉回流失顾客。

合伙人通过推广、配送、售后、微信等手段不断接触顾客，加强与顾客的情感联系，把交易关系变成情感关系，顾客有购物需求时就会第一时间想到合伙人。

而购物网站开始阶段主营超市商品也只是切入点，后面可逐步加入家电、数码、百货、建材等任何商品，甚至还能加入家政、开锁、驾校等服务板块。总之，网站空间无限，只要有忠实顾客，就能经营任何商品和服务。合伙人的最终目标是把与顾客的情感联系转化为购物行为，基本垄断顾客家庭 90%以上的购物需求。

(4) 极致体验的基础

商业模式是极致体验的基础。传统电商的配送员只负责配送，一般不送货到户，经常提前 5 分钟约顾客下楼提货，配送员不主动清点商品，不会与顾客交谈沟通感情，只求赶快送完货处理下一单。而本项目的配送员将承担推广、维系顾客关系，挖掘顾客价值等责任，我们为合伙人建立佣金激励机制,划定负责区域,所以有内在动因驱使合伙人为顾客提供完美服务,加上培训、引导、分析工具等,最终把极致体验真正落地。

极致体验、合伙人体系等都建立在商业模式基础之上,传统电商无法实现上文描绘的极致体验,这是一整套体系而不仅是技巧。只有电商仓库与合伙人在同城范围,才能不经过分拣从仓库直送到合伙人处,才能实现快速配送,才能无须包装成本。

只有主营超市商品且有价格优势,才能在5000户家庭的小区域内每天聚众数十个订单集中配送,降低分摊配送成本。只有合伙人负责的区域的新顾客全部算入合伙人推广业绩,忠实顾客不断为合伙人带来收益,才能驱使合伙人全力推广,用心维护顾客关系。

正因为以上原因,才能节省推广、包装、配送成本,实现价格比超市低5%~10%的目标,并且做到极致购物体验,形成良性循环,最终建立电商仓库+合伙人网点+电商平台的超级渠道网络。

第八章

整合营销，
精准投放

1.整合碎片，给用户完整的营销体验

先来看一组数据。

根据腾讯发布的一份涵盖中国各大城市网民的网络使用报告显示：有73%左右的网民会在等人的时候用手机上网，有68%左右的网民会在公交车或地铁里用手机上网，有57%左右的网民在晚上睡觉前会用手机或PAD上网。

可以看出，移动互联网正无孔不入地填充着我们生活里的碎片化时间。本来，用智能手机等移动终端上网只是一种对PC端互联网的补充，是上下班途中的消遣，但随着这种碎片化上网的时间不断增多，我们越来越习惯于从移动终端上网。上网习惯的改变从根本上造就了移动互联网时代的种种特殊性。

也许你已经发现自己正在变得越来越没有耐心：没有耐心读完一本

书，总是看几页就丢；没有耐心看完一整部电影，总是要按快进键……与此相对应的是，我们总是不由自主地拿起手机，拿起 Pad，打开微博看看新鲜事，打开微信刷刷朋友圈，再用 Pad 看看新闻、玩玩游戏……就这样，一个晚上过去了。

这种变化正是移动互联网时代带给我们的"碎片式"生活体验：时间碎片化、信息碎片化、体验碎片化。当然，企业的营销思路也要顺应这种碎片化。

随着各种移动终端以及移动互联网的发展，人们的阅读、娱乐习惯早已从一屏转向了多屏，从前那种守着电视机就能过一个晚上的时代已经一去不复返了。有调查数据显示，只有约10%的网民在看电视时从不查阅手机，绝大部分人都是同时使用两屏、三屏甚至四屏的。这种多屏互动的习惯使得他们在每屏花的时间和注意力都是碎片式的，因此，移动互联网营销也要更加强调精准和细分，在各个碎片式的营销接触点上与消费者进行高效沟通，只有这样，才不会被新一代移动互联网消费者所抛弃。

我们知道，营销传播的本质其实是对消费者时间的"抢占"，谁能抢占更多的时间，谁就能取得更好的营销效果。当消费者的时间变成一块块碎片时，企业就要学会改变思路，用各种方法高效地利用这些碎片时间，并通过不同的营销渠道、营销手段将这些碎片时间拼接在一起，给用户一个完整的营销体验。

（1）用户时间有限，营销突出亮点

移动互联网用户的碎片时间有限，他们停留在你的营销页面的时间很短，如果你提供的产品、服务及显示方式不能最快地抓住他们的心，那他们一定会在第一时间挪开自己的眼睛。而且，移动互联网用户的时间虽然变成了碎片式的，但他们的记忆却具有较强的延续性，同样一个广告，如果他们第一次浏览之后发现不喜欢，那当它再次出

现时——哪怕做了一些调整，他们也会迅速回忆起上次的选择结果，并相信自己的选择，再次忽略它。这种规律使得企业做移动互联网营销的难度变得更大。

所以，为了迅速抓住用户，你的营销内容必须突出亮点。

"全球健身中心"的一条推广睡前瑜伽的微博正文一上来，就以"绝""失眠粉碎器"等字眼吸引了受失眠困扰的用户，并以简短的语言、精练的步骤在140字以内清楚地介绍了睡前瑜伽的做法，还配上了详细的动作流程图，让用户感受到了它的专业。该微博仅发出一小时就获得了上千转发。

困难催生的往往是质变。要想掌握移动互联网用户千奇百怪又变化万千的口味，就需要彻底地更新自己的营销思路，并学会使用相应的新技术。建立碎片化营销思维，利用大数据搜集、分析移动互联网用户信息和喜好，采用O2O的互动方式将他们的碎片时间串联在一起。

虽然移动互联网用户的时间是碎片化的，但他们的需求是完整的，你的企业要做的就是用上述思维和手段还原、开发出他们的真实需求，甚至为他们打造一个专属的个人货架。

(2) 用户口味多变，营销完善形式

碎片化时间带来的是移动互联网内容的改变。原本风靡一时的博客渐渐被内容更加短小精悍且有趣的微博替代；原本一条条内容翔实的手打短信也被微信的即时语音聊天功能所取代；从前人们从报纸专栏和专家博客上学习专业知识，现在人们只要打开种类繁多的手机APP，就能获得各行各业的新鲜、专业资讯……一句话概括：移动互联网时代的主流内容的特点就是短小精练、新鲜有趣和传播迅速。这就要求企业在进行营销策划时，要更加注重文案和创意水准。

去哪儿网的微博的促销信息除了充满诱惑力的文字,还常常配有精美的图片和旅行视频,让用户能够全方位地了解活动内容。同时,为了整合用户的碎片式体验,去哪儿网不仅在微博上做营销推广,其微信公众账号、百度贴吧、官方网站等也都同步进行宣传。这种多形式、多方位的营销策略促使用户认真思考自己是否具有相关需求。

去哪儿网抓准"五一"假期,推出了"五一免房节"活动,用多种形式渲染其互动促销的劲爆程度,很快便获得了数万转发量,更有许多粉丝留言:"本来五一打算宅在家里的,看到这个活动有点蠢蠢欲动呀!"

移动互联网时代,在内容上鞭策企业的不只是内容自身的特点,还有内容提供者。移动互联网时代是一个自媒体时代,人人都有机会发言,人人都能成为传播热点。也就是说,人人都有机会成为优质内容的提供者。此时,企业要想以内容吸引关注,进而开展营销活动,不仅要和同行竞争人气,甚至还要和自己的潜在客户"抢粉丝"。为了从一般的自媒体中杀出一条血路,企业需要学会升级自己的内容形式,从文字到图片,从图片到动图,从动图到视频……发挥自己的资源优势,全面提升你提供的内容的等级,这样才能在争夺消费者碎片化时间的内容战役中占得先机。

(3)用户无处不在,营销随时随地

碎片化时间消除了传统营销的时空限制。时间上,一天 24 小时都有人在浏览移动互联网;地点上,从家里到公司,从公交车上到餐厅里,几乎每个地方都有人在使用移动互联网。这种改变使得传统的营销时空规律不再具有适用性,这其实是一种巨大的机遇,因为这表明你的营销活动不仅可以随时展开,还可以得到即时的响应。从前做营

销活动往往需要进行长期的筹备，需要拉人气，需要安排人手，需要核算成本……移动互联网时代的营销活动大多在网上展开，一个微博促销活动只要策划得有新意、有诱惑力，就可以在微博发出去的几小时内吸引几十万甚至上百万人的注意。也就是说，移动互联网时代的营销门槛被大大降低了，营销效果却得到了大幅提升。当然，这也意味着竞争会变得更加激烈。

总之，碎片化时间全面而深入地影响着移动互联网营销。它既是移动互联网营销得以产生的根本原因之一，也是移动互联网营销能够发挥作用的重要落脚点。企业需要深入地考量时间碎片化之于用户的意义，才能精准地把握营销方向。

最后通过一个案例来介绍一种基于时间碎片化的营销新思路。

2013年5月，蒙牛真果粒在新浪微博和腾讯微信上同时开展了一场名为"寻找真实自我，真自游"的活动。该活动的规则很简单，用户只需要拍摄并上传一张与"展现真我"主题相关的照片即可。由于活动参与门槛很低，参与方式方便，主题贴近用户生活，加上活动设置的单反、旅行套装等奖品诱人，所以很快便吸引了超过150多万热心网友参加，仅新浪微博就有超过80万的转发量。

这次营销活动值得借鉴的地方有两点：一是简化活动参与方式，最大限度地节省用户时间；二是巧妙设置活动主题，用"寻找真我"来引起在碎片化生活里渐渐迷失的用户的共鸣，同时还符合蒙牛真果粒的产品卖点："真"。这个案例也告诉我们：时间碎片化给移动互联网用户带来的除了高效和方便，还有遗憾与缺失。而无论前者还是后者，都能作为企业进行营销策划的重要参考方向。

2.掌握用户的需求——筛选碎片，整合精华

要想为移动互联网用户提供最好的体验，光有心思还不够，还需要详细地了解用户的体验需求。腾讯智慧出版的《虚拟世界真实信赖——解读中国 1~4 线城市网民的网络使用行为及态度》一书中，通过详细调研发现，网民中存在 5 种不同类型的用户，他们有着明显差异化的个性需求。

(1) 交流依赖型

这类用户年龄相对较轻，主要分布在我国的四线城市，职业以学生、自由职业者和普通企业职员为主。网络对他们而言所起到的主要作用是交流沟通，满足情感联系的同时，也进一步了解世界、开阔视野，为自己的事业进步增加新机会。在生活价值观方面，他们具备充实自己和为梦想而努力的心态，并会为此付诸行动。他们最经常使用的网络应用是即时通信工具。

(2) 社交依赖型

这类用户大多居住于一线城市，即北京、上海、广州、深圳等经济发达的城市，属收入偏高的中层管理者。他们是大都市里典型的忙碌一族，面临着来自生活、工作等各方面的巨大压力，有强烈的好胜心，追求高品质的生活及大品牌带来的满足感。在繁忙的工作和生活之余，他们热衷于在社交网站和圈子内与朋友展开各种互动活动，如玩玩益智小游戏，看看朋友的微博等，放松身心。

(3) 交易依赖型

这类用户，25~34 岁的群体是主体。在这个群体中，处于中层管理者和专业人士的比例更多，收入水平相对较高。日常工作的忙碌让他

们追求简单、便捷、足不出户即可实现一切的高效生活，生活态度务实而踏实，依赖品牌，注重体面和内在品质。这些人是典型的网购人群。由于具有高度的务实主义精神，他们对网购的方便性非常重视，网民口碑是他们做出购物决定的重要参考。

（4）信息依赖型

一线城市用户在这类人群中比例较高，中年人居多，事业发展良好，多为中层管理者、专业人士和自由职业者。他们非常希望通过网络实现自我工作能力的提升，最常使用网络收发邮件、使用搜索引擎及阅读新闻资讯类内容。这类人希望通过网络这个窗口开阔视野，乐于通过网络解决现实生活里遇到的各类问题。

（5）消遣依赖型

这类用户中，来自四线城市的用户比例相对较高，人群偏年轻，具有"娱乐至上"的生活态度，大部分时间都在网上度过，他们就是传说中的"网虫"。不甘于平淡的他们喜欢在搞笑视频、网络游戏里寻找刺激和成就感。

深入地了解上网用户的需求类型有助于企业做出正确的营销决策，以上5种类型只是一个大致的分法。我们正要进入快速拥抱每个用户的时代，每个人都有自己的个性需求，人人都希望享受最好的上网体验，成为VIP。所以，亚马逊和淘宝已经开始为每个用户设置不同的个性化首页及推荐页面，而随着移动互联网的不断发展，这种个性化服务将越来越多。

早一步开始自己的移动互联网个性服务布局，就能早一天收获丰硕的果实。正如中国著名企业文化与战略专家陈春花教授所言："顾客的变化是一个根本的事实，大多数企业已经认识到了这一点，但光有这个认识还不够，我们还需要清楚围绕顾客变化所做的努力如何展开，这就要求企业要能够围绕着顾客思考，来选择自己的企业战略。"

要想做一个移动互联网碎片化阅读的整合者并没有那么简单,你至少要熟练掌握以下几点。

(1) 筛选信息

你要具备从海量信息中筛选优质信息的能力。海量信息容易造成阅读疲惫,而限量的优质信息则能刺激用户以最佳状态阅读。这相当于你不仅要从书海当中挑出读者最感兴趣的几本书,还要将每本书最具亮点的内容挑选出来,并配上最恰当的标题。

这就像央视火爆一时的节目《第十放映室》,它不仅帮观影者从每季度上映的海量电影中筛选出最有代表性的几部,还根据每部的特点进行生动有趣的介绍。这种风格为《第十放映室》赢来了大量粉丝,它的吐槽系列视频在网络上的点击率惊人。

(2) 筛选受众

你要具备从无限用户中筛选有限受众的能力,这点最为重要。无限的移动互联网用户虽然听起来诱人,但也意味着受众、目标用户的不确定性,这将为营销带来极大的难度。精确定位到有限的目标用户,专心为他们提供优质内容,才能有的放矢。

证券公司操盘手陈逊说:"我每天要阅读几万字的碎片化讯息,这是出于工作需要,做我们这行的与整个社会的联系很紧密,一条不起眼的消息,甚至微博上一个假消息都可能会对股市产生影响,因此,多获取信息对于我们来说是必需的。"他每天的阅读都和网络分不开:每天下午收盘后,第一件事就是上QQ和微博,和朋友、同行交流最新信息,然后登录各大网站、论坛看新闻,并参与热点话题讨论。

27岁的报社编辑林知宇说:"手机、微博、iPad让我的时间和阅读彻底碎片化了。我在iPad上下了十几种阅读类的APP,有各种媒体的客户端,也有信息搜集工具,每次打开它们,都像是打开了一个黑洞。光是下载和更新就会吸走我大把的时间，可更新后的内容，我往往都只是瞟一眼标题，就赶着去寻找其他的更新内容。"他的一天始于微博，也终于微博，每天睡前也要拿出手机打开微博刷一下新鲜事。

一名全职太太陈菲说："生完孩子后，我成了一个全职太太。一开始，我有点担心，害怕自己和社会脱节，有姐妹就安慰我，现在不像过去了，注册个微博，每天全世界发生的事情你都知道。果然，我虽然现在在家带孩子的时间多，但可以通过微博和朋友沟通，了解外面的社会，还可以上论坛和年纪相当的妈妈们讨论育儿经，交了不少天南海北的朋友。每天上上论坛、看看微博，学会了很多东西，我的生活也丰富多了，我现在觉得全职太太真的不会寂寞。"

我们看到，不同的用户对于移动互联网内容的需求各不相同，有陈逊这种关注行业资讯的，有林知宇这种单纯为了刷新鲜事，打发时间的，还有陈菲这样希望在放松的过程中进行沟通和生活经验学习的。企业要根据自身的定位，为目标用户提供最精准的内容。

(3) 筛选时间

你要掌握即时沟通与延时发布之间的对应关系。虽然移动互联网用户是因为即时沟通的便捷性才对移动互联网情有独钟，但这并不表示他们的阅读习惯也是如此。微博、微信都有定时发布功能，企业发布内容的时间要符合目标用户的阅读习惯，过早或过迟推送消息都可能因为用户第一时间的忽略而造成后来被其他信息淹没。

以新浪微博的热门微博一周排行榜为例，上榜的微博一般都是在晚上8点至10点间发布的，因为这段时间使用微博的人相对来说最多。

(4) 筛选热点

你还要具备分析热点、制造热点的能力。内容的优劣从其传播的热度上可见一斑,与其跟风热点,从热门话题上"蹭"关注,不如自己制造热点,让别人来跟风自己。

以新浪微博的热门话题为例,其中的美食话题通常是讨论的热点,而一般的美食热点多是"吃货"们自己总结发现的,如"深夜发吃'报复社会'""下午茶时光"等,但聪明的餐饮品牌在新品上市或日常推广时也会伺机制造热点,引起"吃货"们的注意。以 2014 年 4 月 16 日的微话题排行榜为例,排名第一的就是麦当劳推出新品冰淇淋的话题,其热度甚至超过了之前火热的"舌尖上的中国"。

需要提醒的是,要想做一个优质的碎片式内容整合者,需要长期的人力投入,因为优质内容分散在网络的各个角落,需要不同的搜集、整理方法。以原创性和娱乐性很强的微博内容来说,它在搜索引擎上是无法抓取的,也就是说,你的内容搜索工具肯定不能局限于搜索引擎这一个。

3.精准营销关键词选择 5 大要点

分享一下网站优化和网络推广工作中总结出来的一些关于关键词选择的原则。

(1) 关键词不要空泛,要贴合网站内容,具有相关性

一个网站就好比一本书,关键词是书的目录,页面内容才是每个章节详细的阐述。关键词就是网站的题目,是网站内容的主导思想。因此,在选择关键词的时候,一定要根据网站的内容来选择,而且,关键词要和网站的内容息息相关。

（2）学会利用权威数据和一些辅助工具来选择关键词

这点很重要，不要盲目地去自己想，任何好的方法和策略都要应用到真正的推广中才能起效。这时，我们不妨利用一些辅助工具、一些权威的数据来进行关键词选择，比如百度指数、百度风云榜、谷歌关键词工具等都可以。关键词辅助工具很多，重要的是你怎么应用到位。

（3）根据目标用户的搜索习惯来选择关键词

这个非常重要。我们选择关键词的时候，要跳出 SEO（搜索引擎优化）的身份，回归到普通网民的角色中来考虑问题。网站优化和推广最终不是给自己看的，而是要面向更多的受众，因此，你的网站必须选择大众都感兴趣的关键词才能真正做好用户体验，让你的潜在用户转化为真实客户。比如，我们在搜索中国 8u 网络推广的时候，我们会如何去搜索？有可能会是几种情况：直接输入关键词"中国 8u"，或者输入"8u网络推广是什么""8u 网络推广怎么样""8u 网络推广"等。不同的关键词搜索出来的效果和页面是不一样的，所以，我们在做推广的时候，只有真正把握受众的喜好，才能做好关键词的精准定位。

（4）关键词过冷或过热都不适合做目标关键词

关键词的选择很多人都喜欢跟风，认为大家都在谈论的关键词就是好的。其实不然，大家都谈论的关键词必然会受到较大的关注，但也加剧了推广的难度。因此，我们可以选择一些相关的长尾或者竞争力低但转化率高的词来做关键词。同样，如果搜索引擎收录的页面只有几百个，那样的关键词也不值得我们去做。没有用户搜索，就算把排名做到第一页，也不会产生价值。因此，各位站长在选择时候，要注意难易程度，同时还要看其是否符合推广习惯。

（5）参考竞争对手的关键词进行选择

在做推广的时候，之所以有难易差别的程度之分，就是因为关键词存在行业竞争。因此，我们在选择关键词的时候可以适当地去研究和参考排在前面的竞争对手的网站，看看他们怎么选择关键词，还有哪些不足。我们可以先模仿，然后再超越。知己知彼，方能百战百胜。

把握好关键词选择的几点方法，能够让我们在推广的时候及时做好调整。

4.要素与优势：有针对性地展开信息

精准营销是与大众营销相对而言的，凡是能够精且准地找到目标客户/潜在客户的营销都是精准营销。所以，精准营销的形式是多种多样的，例如话告、点告、窄告、直接邮寄、一对一营销等。

事实上，衡量一种营销方式是否是精准营销的关键，在于你的营销是否是基于客户信息有针对性地展开的。

精准营销的三大基本要素

怎样的营销模式才能被称为精准营销？这需要通过精准营销的三大要素来进行辨认，这三大基本要素缺一不可。

(1) 目标准确，资源集优

精准营销的首要特点就是目标精准。如果说传统营销是"机关枪扫射"，那么精准营销就是"点射"，即将企业的广告呈现在最需要它们的人群面前，以产生尽可能大的回报。

著名国际时装品牌宝姿每年在北京、上海两地举行两次展销会，但如何高效率地吸引其目标客户参加展销会是其市场营销人员面临的

难题。营销公司根据宝姿的品牌定位以及活动目标，选择月收入在
5000 元以上、年龄在 25~45 岁之间的女性消费者作为邀请的目标对象，
通过富有诱惑力的直邮直接邀请目标对象，解决了宝姿的难题。

不论你做什么，一定要先明确谁是你的目标顾客，并且设法了解
你的目标顾客，包括他们的生活习惯及偏好。然后主动出击，将有限
的广告资源用在投入产出比最大的地方，从而提高企业的收益。

另外，在现在的报纸杂志上，提到精准营销，必提到网络营销，
诸如窄告、点告、话告等。千万不要认为精准营销一定就得借助网络。
其实，凡是营销目标精准的营销都是精准营销，网络和计算机技术只
是为精准营销提供了便利——网络使得企业与顾客联系更加方便，而
计算机技术则使得企业整理数据更加便捷。

(2) 走进客户的世界，潜移默化地渗透

如今，人们越来越忙，消费者在买什么和从哪种渠道了解产品、
服务及销售商的问题上，有着多种选择，顾客可以以他们想要的价格
去购买那些满足他们需求的有特定特性和利益的产品。所以，今天的
市场营销应该是渗透式营销，企业不再只是营销它们的产品，而是进
入到消费者的世界。而这正是精准营销能做到的。

进行精准营销时，首先要分析出目标顾客的需求点，然后依此需
求开发出产品并说服消费者购买。精准营销注重与顾客的沟通，走进
客户的世界，使得企业和顾客的目标逐渐一致，并达到统一。蒙牛酸
酸乳当年在这方面就做得很出色，它把酸酸乳与超级女生的"酸酸甜
甜"联系在一起，选择超女为之代言。由于选择了恰当的营销方式，
蒙牛的品牌价值迅速升值。

另外，精准营销在目标顾客日常生活中频繁出现，潜移默化地影
响着消费者。即精准营销在目标顾客的日常生活中开展无指向性的宣

传,通过赞助各项活动、举行专题研究会、进行调研和加入行业联合会等途径来影响消费者。要记住:营销人员不只要关心销售产品,他们需要推动自身及顾客的共同目标不断发展和更新。

(3) 市场情报的收集和研究

精准营销须注重对市场情报的收集和研究,注重对目标人群的分析,注重客户的反馈。精准营销人员明白"没有调查,就没有发言权"的道理:在很多时候,市场的真实情况都与营销人员的想法有很大的出入。所以,精准营销人员须设法使自己与市场取得联系,以了解市场。

反过来说,只有了解市场、了解顾客,营销人员才能真正做到投放精准。否则,只能是"想当然"的精准,效果可能还不如传统的营销方式。

精准营销的两大优势

(1) 精确性

相对于传统的营销方式,精准营销的一大优势就是精确,表现在三个方面。

第一,受众精准。由于精准营销注重研究谁是自己的目标顾客、潜在顾客,以及他们的生活习惯及个人偏好,所以企业会更加准确地将产品及服务信息传达给那些需要信息的人。

第二,效果精准。由于精准营销了解消费者,所以企业可以制定针对特定群体的营销方式,将营销盲点降到尽可能低,使得受众看到宣传就有较深的印象,从而达到效果精准。

第三,费用精准。费用精准主要是针对企业而言的,由于只需针对目标顾客进行营销,这自然会使得营销的回报率高,也减少了企业资源的一些不必要的浪费,从而使得企业的收益提高。

(2) 可控性

精准营销的另外一个优势就是可控性。由于是企业自己来选择营销的受众群体，这就使得企业可以随时跟踪营销效果，并随时进行调整；而且，由于精准营销注重客户的反馈，这就使得企业能相对及时地调整营销策略以取得更好的效果。

5.参与感：整合营销新思路

新媒体的风靡不代表传统媒体的死亡，新营销方式的盛行也不代表传统营销策略的完全收缩。企业总是在不断探索新的营销工具，以获得更高的营销效率。但最高的营销效率，其实来自于对不同营销工具的整合利用。

一份报告指出：在生产消费产品的大公司的最高管理层和营销主管中，超过70%的人喜欢用整合营销传播作为改进它们的传播影响的工具。近年来，随着新媒体的发展与日渐风靡，整合营销传播也因此有了新的发展。

美宝莲在世界大众彩妆品牌当中的领先地位，成就于它彩妆产品的多样性和高品质。不过，在它的品牌形象传播中，更加值得一提的是美宝莲的新媒体整合营销传播。

2008年，在各大城市的地铁、公交车厢内，一则美宝莲的视频广告吸引了人们的眼球——Mabel（美宝）约会视频。视频内容根据女主角Mabel的约会对象特质和美宝莲的睫毛膏色彩种类，分为4个不同篇章，并设计了"约会突发状况情境"来传达产品的防水特性。当受众饶有兴趣地欣赏完约会视频后，屏幕中出现了一条文字提醒："你觉得 Mabel 最适合和谁交往呢?"并在屏幕下方附上投票网址。

和大家以往见到的美宝莲电视广告片不同，美宝莲这次采用的是一则互动广告，消费者可以通过投票来决定广告主人公的选择，也就是说，美宝莲的下一则广告的剧情是由消费者来决定的。这种有趣的互动吸引了很多消费者的眼球。该视频广告后简短的一条讯息就将"接受"过渡为"交互"，并巧妙地将"终端"转移至"网络"和"手机"，通过 POCO 网这一以图片兴趣聚合的同好社区平台实现了从传统的"视频单向广播"到互动的传播方式。

而在深入推动互动营销的过程中，美宝莲还采用了多种传播方式，其中尤其注重对新媒体的运用。博客是新媒体，视频是新媒体，手机是新媒体，分众也是新媒体，新媒体的大家庭越来越丰富，终端也越来越多，交互性越来越多。美宝莲如何通过运用新媒体为品牌传播服务? 选择只有一个: 整合营销。

在美宝莲 POCO 网的投票互动平台上，除了可以替视频主角 Mabel 投票选择男友外，还能欣赏"化妆视频"，体验"恋爱测试"，了解更多美宝莲产品。美宝莲选择 POCO 网这一 Web2.0 网站投放，除了看重 POCO 网用户基数大、流量高、用户层年轻时尚的特性，更是为了避开门户、娱乐、视频网站用户分散、人群广泛、互动度相对低的不足。而这一种基于体验的社区互动，与美宝莲的整体市场策略和公关计划相结合，与 POCO 网的受众利益和兴趣点相结合，多种新媒体整合的沟通方式连续与用户进行互动，引导用户产生购买行动，同时对品牌、产品及服务产生有效认知。

美宝莲花了最少的钱去整合尽量多的资源，并且通过多种传播方式影响受众，尤其是选用互动性强的新媒体，充分利用整合营销传播的优势，达到了品牌传播效果的最大化和最佳化。当然，我们也不能否认，美宝莲具备任何可以进行互动营销的品牌特质：高品质的产品，具有竞争力的功能、质量、价格、完善的渠道、服务等。所以，企业在利用新媒体进行互动营销时，也要根据企业自身的特点进行规划。

移动互联网时代，每个智能手机、平板电脑用户都是一位"玩家"，他们不仅希望免费快速地得到优质的讯息，还希望主动参与到信息的制造和分享当中。这就难怪小米副总黎万强强调："参与感是新营销的灵魂。"而小米也是移动互联网新营销里互动策略的坚定执行者。

先来看黎万强提供的一组数据："小米的销售渠道有两个：一个是小米网，一个是运营商的渠道。在这两个渠道里面，我们小米网在销售的渠道里占了70%，运营商的渠道占30%，这刚刚好跟很多传统的厂商是相反的。"

有同行好奇于小米是如何凭借自己的营销和渠道做到这个水平的。众所周知，小米走的是粉丝营销路线，其主战场即社交网站等社会化媒体，他们在这些地方又有哪些制胜法宝呢？黎万强对他们的回答是："三个。第一，参与感。第二，参与感。第三，还是参与感。"

黎万强说："做社会化媒体的基础首先要有一个社区——论坛也好，微博也好，微信也好，或者是QQ空间也好——你要做的是在这几个通道里面进行选择，选择和你的产品特征相符的一个，或者全部。"

小米最开始选择的社区品牌运营不是微博，而是论坛，这是因为论坛与小米的产品特征最为贴合。小米的第一个产品是手机超级系统，使用它需要先刷机和破解ROM权限，专业性比较强。这种专业性的东西通过微博很难进行高效的指导，更不能对每个用户的问题进行及时有效的回复。而论坛不一样，在论坛里，用户可以发帖提出自己的疑问,管理人员和其他用户都会参与回答。论坛极大地提高了小米用户的参与感,很多"技术小白"在论坛混久了也开始主动帮助新来的用户。这种从"请教"到"指导"的转变过程伴随的是无数小米用户渐渐变成"米粉"。可以说,如今的小米论坛早就是小米数百万"米粉"的大本营。

发展到今天,在小米论坛上有几个核心的技术板块:资源下载、新手入门、小米学院,后来又增加了生活方式的板块:酷玩帮、随手拍、爆米花等。在这个论坛上,"米粉"参与调研、产品开发、测试、传播、营销、公关等多个环节。

在小米论坛上,"米粉"可以决定产品的创新方向和产品功能的增减。为了激发"米粉",小米还设立了"爆米花奖":每周五下午5点被定义为"橙色星期五",每周都会发布新版本。下一周的周二,小米根据用户提交的体验报告数据,分别评出上周最受欢迎的功能和最烂的功能,以此来决定小米内部的"爆米花奖"。除了线上的互动,小米还有很多线下的活动。它不仅推出了针对小米会员的内部杂志《爆米花》,还以小米"同城会"作为纽带,让众多"米粉"在现实生活中聚餐、郊游、摘水果,甚至一起去献血……

对此,黎万强十分得意:"我们的论坛注册用户有将近1000万,10万日发帖量,每天有100万的用户参与讨论。100万用户对于做很多垂直类的网站如IT类的网站来讲已是一个很惊人的数字,而且,我们不是做媒体的,只是作为一个厂商的产品论坛。"

可以说,到今天也没有人完全吃透"小米模式"。其实,用互联网的方式做手机营销,小米的基本策略就是颠覆,将传统做手机的每一个环节都重新定义和更新。比如,制造手机的传统方式是聘请顶尖技术人员闭门做研发,小米则是邀请"米粉"参与到产品的设计与研发当中；卖手机的传统方式仅仅是给用户使用，小米卖手机是和"米粉"一起玩手机；别人只是在纯粹地卖产品，小米卖的还有参与感；别人花巨额资金请明星做广告，而小米则用"米粉"开创了互联网的新营销方式；很多公司不允许员工上班时间泡论坛、玩微博，而小米则鼓励"全员解放"，鼓励所有员工泡在网上，与"米粉"直接接触，将内部评价转移为外部评价……

虽然小米将粉丝经济做得风生水起，但这并不意味着粉丝经济是小米唯一的经济模式。引领小米模式走向成功的关键环节，还有对核心用户的经营，对小米品牌的塑造，其核心正是在产业成型初期对用户的参与、归属需求的有效解决。

其实，营造用户的参与感并非小米的独创，也不见得需要大手笔、多人手的投入，它最核心的东西是企业本身对用户的重视程度。因为参与感不是单纯形式化的互动，企业在产品环节、产品改进环节以及营销环节都要试图把用户拉进来，用他们的想法快速改进——或者至少让用户觉得你做出了努力，让他们觉得自己的参与产生了有益的价值。

6.完善顾客反馈，找出20%的客户

没有目的的营销手段是企业成本的最大浪费。互联网时代的节俭经营观并不仅仅是降低成本那么简单，而是提倡一种精益化管理，通过理性经营、做精做细，从而获得竞争力。营销费用是企业的一项重要支出，没有精准的营销策略，当然会造成巨大的浪费。

1897 年，意大利经济学家帕累托在从事经济学研究时，偶然注意到 19 世纪英国人的财富和收益模式。在调查取样的过程中，他发现大部分所得和财富都流向了少数人手里。以此进一步研究，发现许多社会现象都符合这一规律，从而得出了 80/20 法则。

80/20 法则认为，80%的财富是由 20%的人创造的，而 80%的功效也是由 20%的关键点产生的。因此，在做任何一件事时，找到 20%的关键点很重要。将 80/20 法则运用在营销中，你就会发现：80%的销售额来自 20%的客户，80%的利润也来自 20%的客户。知道了这一点，你还会将有限的精力分摊在每一位顾客身上吗？80/20 法则决定了你的营销活动必须又精又准！现在市场竞争十分激烈，一切营销活动都要以客户为中心，你不但要争取来客户，还要做好服务的每个环节。但在实际操作中，企业要服务好每一个客户几乎是不可能的，成本也非常高。从实践来看，不管是日化行业、烟草行业还是 IT 行业，都存在二八现象。所以，准确定位自己最核心的客户，将有限的营销资源充分应用在他们身上，可以取得事半功倍的效果。

(1) 找出 20%的客户

最能让你赚到钱的顾客群，只占 15%的营业额，却可以让你获得59%的利润；最能让你赚到钱的 25%的顾客，占你获利的 88%。

之所以会出现上述情况，一方面是因为，最能让你赚到钱的客户购买的通常都是最有利润的产品，另一方面则是因为相对于摊在他们身上的服务开支来说，他们的消费额更多。

你是否已经知道你的 20%的顾客是谁？赶快行动吧！

(2) 找出 20%的产品

市场永远是不均衡的。记住这句话，并且学会灵活运用它所包含的原理。

你企业中占总产品 1%的某项产品获得的利润是你企业总利润的

20%；而总产品中 20% 的那部分却给企业创造了 80% 的利润。

对你的所有产品线做一个又精又准的判断吧，找出最赚钱的20% 的产品。它们应该享受更多的经费和关注，这样你才能得到更多的回报。

没有顾客的反馈，企业就无法得知有效的市场信息，"精准"也就无从谈起，所以，企业建立完善的顾客反馈体制就变得格外重要。

要获得顾客主动反馈的信息，企业应方便顾客投诉，鼓励顾客投诉。企业可以设立免费投诉电话，公开投诉电话的号码，也可在服务场所的显著位置设置宾客投诉台，派专人受理投诉。这些措施都能为顾客提供投诉的方便。可以通过奖励提出有价值意见的顾客，或对顾客提出的意见表示衷心感谢，来鼓励顾客主动投诉。其中最好的鼓励方法是根据顾客提供的情况立即查清事实，尽快给予明确答复，表现出对顾客意见的重视。

虽然重视顾客反馈这一概念已经提出很久了，但事实上，目前很多企业并不重视顾客的反馈，也不知道如何更好地利用顾客的反馈改进产品和服务，提升产品和服务的价值，获得更大的利润。以往的经验证明，成功的企业往往都把握住了正确方向，知道该往哪个方向努力。当今时代，要想取得成功，就必须建立多元化的信息反馈渠道。

下面给大家提供几条合理利用顾客反馈的方法。

(1) 把顾客的反馈当作最好的点子

在你的企业里是否有人经常这样评价某个有创意的想法："顾客不需要。"但实际上，你的顾客反馈恰恰表明了他们是需要的。或许也会有许多人争论说：顾客不知道如何使我们的产品和服务更有价值，因此，我们不需要顾客的参与。

持有第一种观念的人，没有意识到顾客在企业中的重要地位。顾客是上帝，谁能真正做到这一点，谁就能成功。

例如，零售巨头沃尔玛创始人山姆·沃顿就秉持着"顾客就是老板"原则。

"所有同事都是在为购买我们商品的顾客工作。事实上，顾客能够解雇我们公司的任何一个人。他们只需到其他地方去花钱，就可以做到这一点。衡量我们成功与否的重要标准就是看我们让顾客——我们的老板满意的程度。所以，我们要采取盛情服务的方式，每天都让我们的顾客百分之百地满意而归。"

另外，沃尔玛的顾客服务原则是：第一条，顾客总是对的；第二条，如有疑义，请参见第一条。

持有第二种观念的人，没有意识到顾客对产品创新的重要性。顾客知道自己需要什么，再加上在实际使用产品的过程中获取了相应的知识，所以，他们能成为企业在新产品开发时寻求创意的一个必不可少的来源。

很多顾客不仅见多识广，还有能力为自己开发产品。你可以在很多网上社群看到顾客创新活动。以一家名为"米加"的虚拟咖啡馆为例，一群咖啡"瘾君子"在这里在线热烈交流改进咖啡机及烘烤炉的创意与想法，以期获得咖啡所能带来的最美妙的享受；另外一个人气甚旺的网上创意社群是"哈雷车友会"，网友们在此讨论的很多有关个性化摩托车及附件的概念，随后都被纳入到了哈雷新产品的开发理念当中。

(2) 深度挖掘顾客的反馈信息

既然顾客有很多好点子，那接下来，我们就要建立多种渠道，抓住所有可能收集顾客反馈的机会收集相关信息，了解顾客对产品或服务的评价，并且认真对待顾客提出的建议，让顾客参与解决问题，创造产品和服务。

其实，在与每个顾客的每次接触和服务中都有获取顾客反馈的机会，但要避免"我们不想打扰顾客"的错误观念。如果我们的顾客实在很忙，他会委婉地拒绝你。

现在，很多银行都实施了一项措施：在每一次柜台服务结束后，银行职员都会提醒顾客：如果您有时间的话，请通过这个简单的评分器对其服务进行评分。大部分顾客都很乐意为其评分，通过这种手段，银行职员的服务也变得更加热情了。这样就在顾客与银行职员之间形成了良性循环，有利于银行的发展。这个看起来好像很简单，可很多企业为顾客服务完之后都没有收集顾客反馈的习惯和系统。

前段时间，小A买了不到3个月的某品牌的U盘不知什么原因坏了，小A尝试拨打说明书上的售后服务热线，虽然有好几个联系电话，却都是电子服务系统，所以他就亲自去了一趟该品牌的售后服务中心。进屋后，小A就惊呆了，这么多人在等候修理或换新机器！他是第38号！在一个多小时的等待时间里，他能够明显地感觉到其他顾客的烦躁、不满。

且不说这么多机器返修是不是质量存在问题；就说服务方面，如果该品牌想做得更好，应该开通与消费者直接沟通的渠道，而不单单是电子系统，这样可以通过预约来节省因排队而浪费的时间。

从顾客那里得到的有价值的反馈信息中，企业可以学到许多有利于自身业务发展的东西，比如顾客购买你的主要产品只是为了得到免费赠送的礼品（就像小孩子选择麦当劳或肯德基时，起决定作用的因素常常是哪家的礼物更诱人），顾客可能觉得企业的网站导航不太方便等。了解到诸如此类的重要信息后，企业就可以做出相应的调整，例如改进网站设计、产品或服务、广告以及营销策略等。

这里重点给大家介绍几种容易得到顾客反馈信息的小窍门:

第一,建立客户服务中心。

从顾客的购买记录中可以看到哪些顾客购买产品的频率、次数较高,这样,你就可以邀请一些最忠诚的顾客定期会面。由于被邀请的顾客都是忠诚度较高的(当你的产品档次越高时,效果就越好,因此,此时顾客会以被邀请为荣),所以他们应邀的概率较大。此外,你可以借此机会得知产品之所以受这些忠诚顾客青睐的因素,并在今后将其加强。而且,他们会给你提供改进顾客服务的意见,为表达谢意,你可以付给他们酬劳、请他们出去吃饭或提供给他们免费的产品。

第二,创建客户网络在线并保持联系。

通过创建互联网用户社区,包括聊天室、公告板、讨论组等,可以使用户们在互联网上实现互动,分享对产品的使用心得,而你也可以作为主持人定期了解顾客对你的业务的谈论和看法。

不论何种行业与品牌,与顾客保持联系都是很重要的。

与顾客保持联系要有计划性,例如:

成交之后及时给顾客发出一封感谢信,向顾客确认你答应的发货日期并感谢他的订货;

货物发出后,询问顾客是否收到货物以及产品是否能够正常使用;

顾客过生日时,可以寄出一张生日贺卡表示祝福;

建立一份顾客和他们所购买的产品的清单,当产品的用途或价格出现变化时,及时通知顾客;

在产品包修期满之前通知顾客带着产品做最后一次检查。

至于联系顾客的频率,那也是很有讲究的,要根据不同顾客的重要性、问题的特殊性、与顾客熟悉的程度和其他一些因素来确定不同的拜访频率。

与顾客联系的方法也可以是多种多样的,除了亲自登门拜访外,还可以给顾客打电话、写信、寄贺年片等。

第三，选择一组顾客派发新产品。

当公司推广新产品而又想了解消费者对产品有何反应时，向一组顾客分发产品是较好的方法。通过这种方式请顾客使用并评论你的产品，并请顾客将评论表寄回给你。虽然也有顾客不会给你反馈信息，但凡是得到的反馈信息，大都很有价值。

第四，定期采用调查问卷，并提供免费相关产品做答谢。

调查问卷可以采取多种发布方式，如发布在公司的网站、电子刊物、新闻通讯、直邮资料以及放置在产品包装箱内等，也可以张贴在网上信息公告板、电子邮件讨论列表或新闻组中。尤其值得强调的是，在网络日益发达，越来越多的消费者利用网络搜索信息的今天，网站往往是一家企业留给消费者的第一印象。不难发现，凡是运作比较成功的企业，其网站必定做得很精彩，互动平台也很热闹，比如百事可乐、可口可乐的网站。

至于答谢礼品，在当今资源稀缺时代，"免费"还是有一定吸引力的。企业可以在网站提供一些电子书籍、影视节目、E-mail 咨询、网站设计等"免费资源"，条件仅仅是请他们填写一个关于你的网站、产品或服务、顾客服务等简短的调查表。

第五，尽可能多地给客户提供企业的联系方法。

尽可能多地给客户提供企业的联系方式，使顾客便于和你联系。例如，在票据上清楚地写明门店的地址和联系电话，以方便顾客在需要的时候联系你们；又或者，把你的 E-mail 地址做成超级链接设置，以方便顾客，而且要及时回复，否则顾客会有一种受欺骗的感觉（觉得 E-mail 形同虚设）；尽可能提供免费电话号码和传真号码，以方便顾客表达他们的意见。

在收集顾客的反馈，有以下几点需要注意：

(1) 正确对待负面反馈信息

企业当然更愿意收到正面的反馈而非负面的,但事实上,很多时候反馈回来的信息几乎全是批评。在这种情况下,相当多的企业百般地寻找借口,为他们糟糕的产品质量或服务水平进行辩解。他们的借口诸如"我们的顾客真是太苛刻了",或是"我们太忙了,顾不上迎合每个顾客的需要",有的甚至说"如果他们不喜欢我们的服务,那就让他们到别的商店去吧",一般来说,顾客确实会这样做。

其实,虚心听取负面信息将为你提供最好的超越期望值的机会——听取他人的意见很重要,因为一些最好的想法通常源于他人的负面信息。要成为好的听众,首先要培养易于接受负面信息及听取意见的态度。始终将顾客作为你注意的中心,让顾客阐明情况,这样才能完全明白他们的需求。不要表现出敌意,应用真诚的、闲谈的方式来问问题。前面已经讲到,获取顾客的信息反馈,以便更好地评估他们的期望值,从而创造更高的利润,是运营企业一个很重要的方面。

正是由于很少有人能真正听得进别人的负面信息,所以,当你能够比较冷静地分析顾客不好的反馈时,你已经比很多企业多了一定的优势。我们也可以用实施某项计划的方法来正视客户的负面反馈,该计划应该概述怎样处理所收集到的信息。这可以让企业对可能出现的负面反馈信息有个心理准备,但绝对不是绝望地放弃努力,而是根据计划来进行改革,朝着理想的目标迈进。

事实上,顾客非常关注自己提供的信息是否被采纳了。如果让顾客知道他们的反馈被企业采纳了,他们肯定会因自己的意见受到了重视而感觉被企业所尊重,从而更加积极地参与进来。这不仅是对顾客的肯定,也是企业提高服务水平的最好方法。认真对待反馈意见,心甘情愿地采纳并用于提高服务的水平,是一张通向赢利和使顾客心满意足的单程票。

(2) 善于利用信息反馈渠道

有的企业请专业调查公司设计几页纸的顾客调查问卷，花半年左右的时间和大量的财力和人力来完成一个专业的顾客调查，但是当调查结果出来时，它可能已经过时了。简单、快捷的顾客调查将获得更高的反馈率，并且，你也可以迅速对相应问题做出反应。

由于零售人员与顾客接触频繁，他们往往最了解顾客的意见和要求，利用他们来获取顾客的反馈，是一种经济而有效的方式。要用好这种方式，企业必须培训员工，使他们掌握沟通和倾听顾客意见的技巧，形成重视顾客意见的意识，同时，企业还应采取奖励措施鼓励员工反馈顾客意见。每次解决一两个问题，不要试图一次解决所有的问题。并且告诉你的顾客，他们的反馈直接帮助你改进了产品和服务。

宜家在数十年中创造了家具品牌的全新商业模式，这固然与好的场景设置、独特的顾客体验密不可分。但除此之外，宜家在产品的设计方面也充分考虑了消费者的日常使用需求和习惯——一个产品是否适合消费者使用，宜家的开发人员、设计人员会和供应商之间开展非常深入的交流，并且进行非常深入的市场调查。一般来说，宜家家居从设计到制作完成需要半年的时间，这当中包括设计、材料的选择、测试、完工等。

宜家员工的高素质是众所周知的，这与其他卖场有着很大的区别。宜家通过卖场深入了解消费者需求，并及时将信息反馈给产品设计人员，设计人员会结合消费者的需求对产品进行改进和设计。例如在上海店，宜家员工每天调查 200 名顾客的反馈，当然，前提是不耽误顾客的时间。在繁忙时段，顾客会在收款的地方排队，员工会去顾客排队的后端，询问顾客是否愿意参加这样的调查来获得顾客的反馈，了解顾客对哪些方面最满意，哪些方面最不满意。通过这种方式，宜家获得了有关顾客的第一手资料。

(3) 注意信息反馈的时效性

一般来说,你在一些大酒店用完餐后,服务小姐在送来账单时也会送来一份顾客意见征询表。这样不仅能非常及时地得到顾客的反馈,还能缓解顾客在等待找零或刷卡时的无聊。当一家企业非常重视顾客反馈并能迅速解决顾客提出的问题时,好的口碑很快就会传开。只有及时地获得顾客的反馈,才能及时地发现自身产品或服务的问题,从而改正,并给消费者留下深刻的印象:这家公司很注重自身素质的提高,不错!

所以,要挖掘多种途径,尽可能早地获得顾客的反馈信息。

(4) 给顾客创造信息反馈的平台

调查显示,在高科技领域,那些设备出现过问题但又得到满意解决的顾客中有高达90%的顾客会再次从同一厂家采购,比未曾遇到过问题的客户的忠诚度还要高。其原因在于顾客常常将你的服务和质量宣言看作宣传口号,如果你能兑现所言,他们就会印象更深。但不幸的是,大多数不满意的顾客会无言地离去,根本不给你机会解决问题和留住他们的忠诚。因此,所有顾客服务的一个主要目标就是让顾客更加容易地投诉。

一般公司可使用多种反馈方式,如当面询问、电子邮件、网站、电话等,目的是使顾客的反馈更加容易和方便,这样你能及时获得较多的顾客反馈。有了反馈渠道后,要认真对待顾客的反馈,比如来电话应在铃响2声内接听,来访客人必须在30秒内迎候,及时回复E-mail等。

(5) 信息共享,迅速调整,及时反馈

收集顾客反馈不仅是营销部门的职责,它是一个"理念"和"习惯",是从总经理到销售人员到所有人员都应该贯彻的一个"理念"和"习惯"。所以,企业内部应共享顾客的反馈,以确保每一个员工都知

道顾客在想什么，这样，企业才能提供更好的产品和服务。

信息搜集到了之后，应该迅速采取行动，进行调整。

在改变和提升了产品或服务的质量之后，应及时将结果反馈给顾客。完成顾客感受信息收集后，顾客自然而然地会想："我填完了调查表后，你们会对这些信息如何处理呢？"所以，只要有可能，应将数据分析的结果与顾客做必要的交流。这样的交流会产生良好的效果，顾客会觉得他们的感受真正得到了关注，并对组织的改进和提供的产品或服务充满信心和希望。